BIAO ZHUN ZHONG WEN

标准中文

第三级 第三册

课程教材研究所 编著

____________中文学校

姓 名____________

人民教育出版社

图书在版编目(CIP)数据

标准中文. 第3级. 第3册/课程教材研究所编. —北京：人民教育出版社，1999
ISBN 978-7-107-13389-3

Ⅰ. 标… Ⅱ. 课… Ⅲ. 对外汉语教学—教材 Ⅳ. H195.4

中国版本图书馆 CIP 数据核字（1999）第 67194 号

标准中文

BIAO ZHUN ZHONG WEN

第三级　第三册

DI SAN JI　DI SAN CE

课程教材研究所　编著

*

人民教育出版社 出版发行

（中国北京市海淀区中关村南大街17号院1号楼　邮编：100081）

网址：http://www.pep.com.cn

Fax No・861058758877

Tel No・861058758866

北京人卫印刷厂印装

*

开本：890 毫米×1 240 毫米　1/16　印张：12.5

1999 年 8 月第 1 版　2012 年 8 月第 6 次印刷

说　明

一、标准中文系列教材是为中国赴海外留学人员子女和其他有志于学习中文的青少年编写的。全套教材包括《标准中文》九册（分三级，每级三册），《练习册》十二册（分A、B本，与第一、第二级课本配套），《中文读本》三册（与第三级课本配套）以及《教学指导手册》、录音带、录像带等。这套教材由中国课程教材研究所编写，人民教育出版社出版。

二、这套教材力求达到的学习目标是，学会汉语拼音，掌握2 000个常用汉字，5 000个左右常用词，300个左右基本句，能读程度相当的文章，能写三四百字的短文、书信，具有初步的听、说、读、写能力，有一定的自学能力，能在使用汉语言文字的地区用中文处理日常事务，并为进一步学习中文和了解中国文化打下坚实的基础。

三、教材编者从学习者的特点出发，在编写过程中努力做到加强针对性，注重科学性，体现实用性，增加趣味性，使教材内容新颖、丰富，练习形式多样，图文并茂，方便教学。

四、本册课本是《标准中文》第三级第三册。要求学习者学会188个汉字，415个词语，掌握140个词义多样、用法灵活的常用词语，能基本达到学习本套教材的最终目标（见二）。

五、本册共有30课，分6个单元编排，每单元5课。每课包括课文（短文或会话），生字表，生词表，词语例解，练习和图画。课文体裁包括散文、小说、戏剧小品、宋词、元曲等；内容涉及当代中国国情、传统文化遗产、文化名人故事、语言文字知识等，力求丰富多彩，能引起学习者的兴趣，并有利于语言训练和适当了解中国文化。课后的生字表只列入要求学会的生字，生词表中的生词不要求全部掌握。词语例解主要选择语义多样、用法比较灵活的常用词语或成语、俗语，讲解力求浅显、精要，便于学习者掌握和运用。练习侧重于字词句的复习巩固和观察、阅读、说话能力的培养。扩展阅读的训练有一定难度，供选用。书后附有生字表和词语表（只列入要求学会的生词），生字注有相对应的繁体字。

六、与本册课本配套的有《中文读本》《教学指导手册》和录音带。《中文读本》主要编选文化特色浓厚的短文，并附简要的注释和提示，供学习者课外阅读。《教学指导手册》可供教师教学和家长辅导学生时参考。录音带主要是课文的录音，邀请有关专业人士录制。在适当的时候，本册还将配备录像带，供教师教学和学习者自学之用。

目　　录

1 养　花

我爱花，所以也爱养花。但是我还没有成为养花专家，因为没有功夫去做研究与实验。我只把养花当做生活中的一种乐趣，花开得大小好坏都没关系，只要开花，我就高兴。在我的小院中，到夏天，满是花草，小猫们只好上房去玩耍，地上没有它们的运动场。

花虽然多，但是没有奇花异草。珍贵的花草不容易养活，看着一棵好花生病要死是件难过的事。我不愿时时落泪。北京的气候，对养花来说，不算很好。冬天冷，春天多风，夏天不是干旱就是下大雨；秋天最好，可是忽然会闹霜冻。在这种气候里，想把南方的好花养活，我还没有那么大的本事。因此，我只养些好种易活、自己会奋斗的花草。

不过，尽管花草自己会奋斗，我若置之不理，任凭它自生自灭，它们多数还是会死了的。我得天天照顾它们，好像朋友似的关心它们。慢慢地，我摸着一些门道：有的喜欢阴，就别放在太阳地里；有的喜欢干，就别多浇水。这是个乐趣，摸着门道，花草养活了，而且三年五载老活着、开花，多么有意思啊！不是乱吹，这就是知识啊！多得些知识，一定不是坏事。

我不是腿上有毛病吗？不但不利于行，也不利于长时间坐着。我不知道花草受我的照顾，感谢不感谢我，我可得感谢它们。在我工作的时候，我总是写了几十个字，就到院中去看看，浇浇这棵，搬搬那盆，然后回到屋里再写一点儿，然后再出去。如此反复，有益身心，胜于吃药。要是赶上狂风暴雨或天气突然变化，就得全家动员，抢救花草，十分紧张。几百盆花，都要很快地抢

到屋里去，使人腰酸腿疼，热汗直流。可是，这多么有意思啊！不劳动，连棵花儿也养不活，这难道不是真理吗？

送牛奶的同志，进门就夸："好香！"这使我们全家都感到骄傲。赶到昙花开放的时候，约几位朋友来看看，更是一件高兴的事。花儿分根了，一棵分为数根，就送给朋友们一些。看着友人拿走自己的劳动果实，心里自然特别喜欢。

当然，也有伤心的时候，今年夏天就有这么一回。三百棵菊秧还在地上（没到移入盆中的时候），下了暴雨。邻居的墙倒了下来，菊秧被砸死了三十多种，一百多棵！全家几天都没有笑容！

有喜有忧，有笑有泪，有花有实，有香有色，既需劳动，又长见识。这就是养花的乐趣。

（本文作者老舍，略有改动）

hàn ruò bào tū

旱若暴突

生 词 NEW WORDS

专家	zhuān jiā	expert; specialist
乐趣	lè qù	delight; joy; pleasure
开花	kāi huā	bloom; blossom
奇花异草	qí huā yì cǎo	exotic flowers and rare herbs
生病	shēng bìng	fall ill; get ill
干旱	gān hàn	dry; arid
霜冻	shuāng dòng	frost
奋斗	fèn dòu	struggle; strive
若	ruò	if
置之不理	zhì zhī bù lǐ	ignore; pay no attention to
门道	mén dao	knack; way to do sth.
三年五载	sān nián wǔ zǎi	three or five years
感谢	gǎn xiè	thank; be grateful
工作	gōng zuò	work; job
有益	yǒu yì	profitable; beneficial; useful
身心	shēn xīn	body and mind
狂风暴雨	kuáng fēng bào yǔ	a violent storm; tempest
突然	tū rán	suddenly; abruptly; unexpectedly
动员	dòng yuán	mobilize; arouse
抢救	qiǎng jiù	rescue; save
昙花	tán huā	broad-leaved epiphyllum
见识	jiàn shi	experience; knowledge

词语例解

本事　名词

本领 (skill; ability)。例如：

想把南方的好花养活，我还没有那么大的本事。

小的时候要多学点儿本事。

他本事真大，坏了那么久的电视机很快就修好了。

*“本事”多用于口语，“事”读轻声；“本领”多用于书面语。例如：

要学好为社会服务的本领。

任凭

1. 动词。任由某人或某物去做 (at one’s convenience)。例如：

我若置之不理，任凭它自生自灭，多数还是会死了的。

这件事任凭你自己处理。

2. 连词。无论，不管 (no matter how/ what, etc.)。例如：

任凭你怎么劝说，他都一言不发。

任凭问题多么复杂，我们都能处理好。

*“无论”“不管”的后边常用表示选择的并列成分，“任凭”不用。例如：

无论去还是不去，你都必须马上决定。

如此　代词

这样 (so; such; like that)，多指上文提到的某种情况。例如：

如此反复，有益身心，胜于吃药。

他也许会按时来的吧？但愿如此。

同学们对我如此关心，让我深受感动。

*“如此”多用于书面语；“这样”多用于口语。

赶上

1. 追上(overtake; catch up with)。例如：

跑快点儿，我们还能赶上那辆车！

他出门晚了，没有赶上那趟直达快车。

2. 遇上(run into)。例如：

要是赶上狂风暴雨或天气突然变化，就得全家动员，抢救花草。

昨天正好赶上商场处理积压品，我就买了几样东西。

有……有……

两个“有”之间常常是意义上有关系的词语，表示二者同时具有。例如：

有喜有忧，有笑有泪，有花有实，有香有色，既需劳动，又长见识。

生活总是有苦有乐，你应该接受它的全部。

* 汉语中有不少固定的说法，如“有来有往(give-and-take; reciprocal)”“有名有姓(identified by both given name and surname)”“有声有色(vivid and dramatic)”“有始有终(carry sth. through to the end)”“有头有尾(complete)”等。

练　　习

一　辨形，注音，组词。

{旱（　　）______　　{复（　　）______
{早（　　）______　　{夏（　　）______

{ 若（　　）______　　{ 暴（　　）______
{ 苦（　　）______　　{ 晃（　　）______

{ 突（　　）______　　{ 秧（　　）______
{ 空（　　）______　　{ 种（　　）______

二　仿照例子作扩展练习，了解汉语动词的重叠用法。

看——看看——看一看——看了看
浇——
搬——
研究——研究研究——研究一下
照顾——
关心——

三　选择合适的词语填空。

本事　本领　任凭　不管　自己　别人

1. 从小学习在社会中生存的（　　）。
2. 你有那么大的（　　），这事还是你自己去干吧！
3.（　　）你三番五次催她，她就是一言不发。
4.（　　）你是否发表意见，你都必须参加会议。
5. 做事情要多听听（　　）的意见。
6. 你已经长大了，有些事情该学着（　　）干了。

四　仿照例句，用括号中的词语改写句子。

我爱花，所以也爱养花。（因为）
我爱养花，因为我爱花。

1. 我还没有成为养花专家，因为没有工夫去做研究与实验。(因为……所以……)

2. 我若置之不理，它们多数还是会死了的。(如果)

3. 养花能使人心情愉快，能增加生活的乐趣。(不但……也……)

4. 可是，这多么有意思啊！(非常)

五　把下边的句子译成英语。

1. 我爱花，所以也爱养花。

2. 我只把养花当做生活中的一种乐趣，花开得大小好坏都没关系。

3. 我得天天照顾它们，好像朋友似的关心它们。

4. 要是赶上狂风暴雨和天气突然变化，就得全家动员，抢救花草。

5. 赶到昙花开放的时候，约几位朋友来看看，更是一件高兴的事。

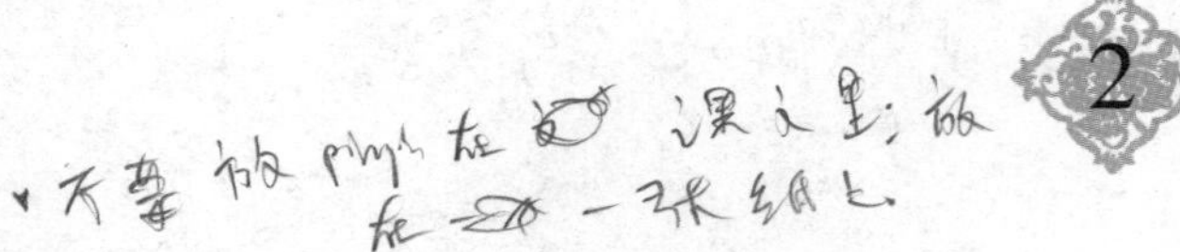

2 散　　步

我们在田野上散步：我，我的母亲，我的妻子和儿子。

母亲本来是不愿意出来的。她老了，身体不好，走远一点儿就觉得很累。我说，正因为如此，才应该多走走。母亲信服地点点头，便去拿外套。她现在很听我的话，就像我小时候很听她的话一样。

天气很好。今年的春天来得迟，太迟了。但是春天总算来了。我的母亲又熬过了一个寒冷的冬天。

这南方初春的田野！大块小块的绿色随意地铺着，有的浓，有的淡；树上的嫩芽也密了；田里的水也咕咕地冒着水泡。这一切都使人想着一样东西——生命。

我和母亲走在前面，我的妻子和儿子走在后面。儿子突然叫起来："前面是妈妈和儿子，后面也是妈妈和儿子。"我们都笑了。

后来发生了分歧：母亲要走大路，大路好走；儿子要走小路，小路有意思。不过，一切都取决于我。我的母亲老了，她早已习惯听从她强壮的儿子；我的儿子还小，他还习惯听从他高大的父亲；妻子呢，在外面，她总是听我的。一霎时我感到了责任的重大。我想找一个两全其美的办法，找不出；我想拆散一家人，分成两路，各得其所，终不愿意。我决定委屈儿子，因为我和他在一起的日子还很长，我和母亲在一起的日子已经短了。我说："走大路。"

但是母亲摸摸孙儿的小脑袋，改变了主意："还是走小路吧！"她的眼顺着小路望去：那里有金色的菜花，两行整齐的桑树，路的尽头有一口美丽的鱼塘。"我走不过去的地方，你就背着

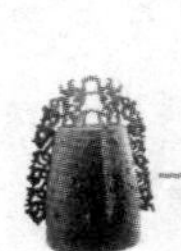

我。”母亲对我说。

这样，我们在阳光下，向着那菜花、桑树和鱼塘走去。到了一处，我蹲了下来，背起了母亲，妻子也蹲下来，背起了儿子。我的母亲虽然高大，然而很瘦，自然不算重；儿子虽然很胖，毕竟幼小，自然也轻：但我和妻子都是慢慢地，稳稳地，走得很仔细，好像我背上的同她背上的加起来，就是整个世界。

（本文作者莫怀戚，有改动）

chí	áo	yá	qí	wěi	qū	sāng
迟	熬	芽	歧	委	屈	桑

生　词　NEW WORDS

信服	xìn fú	completely accept; be convinced
外套	wài tào	overcoat; outer garment
迟	chí	late
熬	áo	endure; hold out; go through
初春	chū chūn	early spring
随意	suí yì	at will; as one pleases
嫩芽	nèn yá	tender shoots; bud
分歧	fēn qí	difference; divergence
取决	qǔ jué	be decided by; depend on
一霎时	yí shà shí	in a very short time; in a twinkling
责任	zé rèn	duty; responsibility
重大	zhòng dà	great; weighty
两全其美	liǎng quán qí měi	satisfy both sides
拆散	chāi sàn	break up
各得其所	gè dé qí suǒ	each is properly provided for
委屈	wěi qu	put sb. to inconvenience
桑树	sāng shù	mulberry tree

词语例解

本来 副词

1. 原先，先前(originally; at first)。强调原来的情况是怎么样的。例如：

   母亲本来是不愿意出来的。她老了，身体不好。

   他们几个本来不在同一个学校，是暑假以后才到一起来的。

2. 按道理应该这样(it goes without saying; of course)。后边要用“就、应该、能”等词语。例如：

   他本来就不该这么做。

   本来应该他做的事，他却推给了别人。

总算 副词

1. 终于(finally; at long last)，表示经过很长时间才实现。例如：

   但是春天总算来了。

   他左思右想，总算想出了解决问题的办法。

   又一个学期过去了，他总算盼来了暑假。

2. 基本上说得过去(all things considered; on the whole)。例如：

   汉字能够写成这样，总算不错了。

   事情能做成这样，总算尽了力了。

也 副词

1. 表示两件事情相类(also; too; as well)或对等(as well as)。例如：

   前面是妈妈和儿子，后面也是妈妈和儿子。

   我蹲了下来，背起了母亲；妻子也蹲了下来，背起了儿子。

   风停了，雨也不下了。

2. 表示委婉的语气(say sth. with a mild tone)。例如：

   看来也只好这么办了。

这张画儿也还拿得出去。

好 形容词

1. 与“坏”相对，表示优点多(good; fine)。如“好人(good person)”“好事(good deed)”“好办法(good way/method)”“好脾气(good temper)”“很好(very good/well)”等。
2. 健康，痊愈(be in good health; get well)。例如：

   她老了，身体不好，走远一点儿就觉得很累。

   他的病已经好了。
3. 容易(be easy to do; be convenient)。一般用在动词的前边。例如：

   母亲要走大路，大路好走。

   那篇文章比较好懂。
4. 做补语，表示动作完成或达到完善的地步(completion of any action)。例如：

   这件衣服已经做好了。

   同学们请坐好，现在开始上课。

有 动词

1. 表示领有(have; possess)。例如：

   你要是有时间，今天我们去公园玩吧。

   我们家有四口人。
2. 表示存在(there is; exist)。例如：

   那里有金色的菜花，两行整齐的桑树。

   屋里有十几个人。
3. 表示发生或出现(sth. happens or appears)。例如：

   她有孩子了。

   在大家的帮助下，他有了很大的进步。

练　习

一　读读记记，记住下列字词的形、音、义。

迟——迟到　　随——随意　　芽——嫩芽

歧——分歧　　霎——霎时　　责——责任

散——拆散　　委——委屈　　桑——桑树

二　从课文中找出下列词语的反义词。

老——　　浓——　　嫩——

长——　　瘦——　　重——

三　用括号中的词语完成句子。

1. ________________，他一定要我去。（本来）
2. 我们一直等到9点钟，他________________。（总算）
3. 说着说着，她________________。（突然）
4. 春天到了，天气________________。（也）
5. ________________，咱们去看场电影吧！（有）

四　仿照例子变换句式。

她老了，身体不好。——→她老了，身体有病。

树上的嫩芽也密了。——→树上的嫩芽也不少了。

1. 母亲要走大路，大路好走。
2. 因为我和母亲在一起的日子已经短了。
3. 我的母亲虽然高大，然而很瘦，自然不算重。

五　会话练习，看看会话中的A、B、C都是谁。

A：妈，吃完饭了，我们出去散散步好吗？

B：我老了，走一会儿就觉得累，还是别去了。

A：您身体不好，更应该多出去走走。

B：那好吧！

A：儿子，走，咱们全家一起去！

B：春天是好啊！看，到处都是绿色。

C：嘿，你们看，前面是妈妈和儿子，后面也是妈妈和儿子！

A：前面有两条路，我们走大路还是走小路呢？

B：走大路吧，大路好走。

C：我想走小路，小路多有意思！

A：我看，还是走大路吧，奶奶年纪大了。

B：要不，走小路也好，我走不过去的地方，你就背着我。

C：噢，太好了！

A "我"________　　B 奶奶________　　C 儿子________

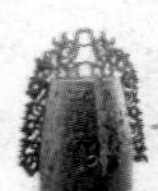

3 我的老师

最使我难忘的，是我小学时候的女老师蔡老师。

现在回想起来，她那时只有十八九岁，是一个温柔美丽的人。

她从来不打骂我们。仅仅有一次，她的教鞭好像要落下来，我用石板一迎，教鞭轻轻地敲在石板边上，大伙笑了，她也笑了。我用儿童的狡猾的眼光察觉，她爱我们，并没有真正要打的意思。孩子们是多么善于观察这一点啊。

在课外的时候，她教我们跳舞，我现在还记得她把我打扮成女孩子表演跳舞的情景。

在假日里，她把我们带到她的家里和女朋友的家里。在她的女朋友的园子里，她还让我们观察蜜蜂；也是在那时候，我认识了蜂王，并且平生第一次吃了蜂蜜。

她爱诗，并且爱教我们读诗。直到现在我还记得她教我们读诗的情景，还能背诵她教我们的诗：

圆天盖着大海，
黑水托着孤舟，
远看不见山，
那天边只有云头，
也看不见树，

那水上只有海鸥……

今天想来，她对我的接近文学和爱好文学，是有着多么有益的影响！

像这样的老师，我们怎么会不喜欢她，怎么会不愿意和她接近呢？我们见了她不由得就围上去。即使她写字的时候，我们也默默地看着她，连她握笔的姿势都急于模仿。

每逢放假的时候，我们就更不愿离开她。我还记得，放假前我默默地站在她的身边，看她收拾这样那样东西的情景。蔡老师！我不知道您当时是不是察觉，一个孩子站在那里，对你是多么的依恋！至于暑假，对于一个喜欢她的老师的孩子来说，又是多么漫长！记得在一个夏季的夜里，席子铺在屋里地上，旁边点着香，我睡熟了。不知道睡了多久，也不知道是夜里的什么时候，我忽然爬起来，迷迷糊糊地往外就走。母亲喊住我：

"你要去干什么？"

"找蔡老师……"我模模糊糊地回答。

"不是放暑假了吗？"

哦，我才醒了。看看那块席子，我已经走出六七尺远。母亲把我拉回来，劝了一会儿，我才睡熟了。我是多么想念我的蔡老师啊！至今回想起来，我还觉得这是我记忆中的珍宝之一。一个孩子的纯真的心，就是那些在热恋中的人们也难比啊！

什么时候，我能再见一见我的蔡老师呢？

（本文作者魏巍，有改动）

cài	róu	sòng	ōu	hú	chún
蔡	柔	诵	鸥	糊	纯

生 词 NEW WORDS

蔡	cài	a Chinese surname
回想	huí xiǎng	recall; think back
温柔	wēn róu	gentle and soft
仅仅	jǐn jǐn	only; merely; barely
教鞭	jiào biān	teacher's pointer
儿童	ér tóng	children
察觉	chá jué	be conscious of; become aware of
课外	kè wài	extracurricular; after school
平生	píng shēng	all one's life; one's whole life
背诵	bèi sòng	recite; repeat from memory
海鸥	hǎi ōu	seagull
爱好	ài hào	like;love; be fond of
即使	jí shǐ	even; even if; even though
姿势	zī shì	posture; gesture
依恋	yī liàn	be reluctant to leave
对于	duì yú	for
漫长	màn cháng	very long; endless
席子	xí zi	mat
迷迷糊糊	mí mi hū hū	in a daze; difficult to make out
珍宝	zhēn bǎo	treasure; jewellery
纯真	chún zhēn	pure; sincere
热恋	rè liàn	be passionately in love

词语例解

从来 副词

表示从过去一直到现在都是这样(always; at all times)。例如：

她从来不打骂我们。

这件事我从来没有听说过。

我们的教室从来都很干净。

*“从来＋没有（没）＋形＋过”与“从来＋没有（没）＋这么（这样）＋形＋过”，表达的意思完全相反。例如：

他从来没有马虎过。——他从来没有这么马虎过。

办事从来没有顺利过。——办事从来没有这样顺利过。

善于 动词

表示很会做什么(be good at; be adept at)。例如：

孩子们是多么善于观察这一点啊！

他很善于讨好别人。

他不善于在公开场合讲话。

并且 连词

表示两个动作同时或先后进行，有更进一层的意思(and; moreover)。例如：

也是在那时候，我认识了蜂王，并且平生第一次吃了蜂蜜。

会上热烈讨论并且一致通过了这个计划。

我们怎么会不喜欢她，并且愿意和她亲近呢？

模仿 动词

按照某种现成的样子学着做(imitate)。例如：

连她握笔的姿势都急于模仿。

他很擅长模仿各种各样的声音。

不要总是模仿，还要学会创新。

至于

1. 动词。表示达到某种程度(go so far as to)。多用于否定句或反问句。例如：

只要好好想想，还不至于答不上来吧！

要是早点儿到医院看看，哪至于病成这样呢?

2. 介词。转换话题，话题后有停顿(as for; as to)。例如：

……至于暑假，对于一个喜欢他的老师的孩子来说，又是多么漫长！

今天我们先谈谈练习，至于其他问题，我们以后再谈。

*“至于”是转换成一个新的话题，“关于”说的仍然是原来的话题。例如：

其他人都可以走了，至于你，暂时先不要离开。

关于这件事，我想听听你的看法。

练　　习

一　读读记记，注意组成的新词。

柔——温柔，柔和　　　　察——察觉，观察

诵——背诵，朗诵　　　　恋——依恋，恋爱

糊——模糊，糊涂　　　　纯——纯真，纯洁

二　仿照例子搭配词语。

温柔的（老师）　　　　回想（往事）

难忘的（　　）　　　　表演（　　）

狡猾的（　　）　　爱好（　　）

漫长的（　　）　　收拾（　　）

纯真的（　　）　　认识（　　）

三　用括号中的词语把句子补充完整。

1. 她是一个听话的孩子，__________。（从来）

2. 这件衣服质量不错，__________。（并且）

3. __________，这里的天气也是很好的。（即使）

4. __________，我们还是另作安排吧。（至于）

5. 我们很喜欢她的表演，__________。（模仿）

四　从课文中找出与下列各句意思相同的句子，读一读，体会它们在表达语气上的不同。

1. 孩子们非常善于观察这一点。

2. 她对我的接近文学和爱好文学，有着有益的影响。

3. 像这样的教师，我们不会不喜欢她的。

4. 已经放暑假了啊！

五　熟读课文。写一段话，说说“我”为什么喜欢蔡老师。

4 傻 二 哥

我的童年是在天津度过的。那时，天津是一个热闹的工业城市，天津人又有爱玩爱唱的传统。

那时的天津，好像到处都是音乐，连做小买卖的吆喝声，都是有腔有调的。比如有一个卖药糖的，他的吆喝就很讲究："卖药糖啊！吃块糖消愁解闷儿，一块就有味儿。吃块药糖心里顺，含着药糖你不困。吃块药糖精神爽，胜似去吃'便宜坊'。吃块药糖你快乐，比吃包子还解饿……"

这个卖药糖的，当时不过十五六岁。他非常聪明，会做很多活，会修锁、修鞋、修车、修灯，差不多什么都会修。东西坏了，交到他手里，几下就好了。他还有一个特点：爱帮人忙，一帮就帮到底，有一股热心的傻劲儿。由于他这股傻劲儿，人家忘了他的聪明，给他起了个有趣的名字，叫他傻二哥！说他"傻灵傻灵"的。

他出去卖药糖，总是穿一套专用的衣服：白布上衣，黑色裤子，挽着袖子，留着偏分头，斜背着一个很讲究的大玻璃瓶子。瓶口上有一个很亮的铜盖子，可以打开一半儿。围着瓶子，还装了一些靠电池发亮的小灯泡。瓶里装满了五颜六色的药糖。瓶子旁边挂着一把钳子，是为了夹糖用的，不用手拿，表示卫生。

傻二哥走街串巷卖药糖，最吸引人的是他的吆喝，非常认真的。看见小孩们多了，他就做吆喝的准备了。先是伸伸腿，晃晃胳膊，咳嗽两声试试嗓子。两只脚一前一后，前腿弓，后腿蹬，一手放在腰上，一手捂着耳朵，这才放声吆喝了。因为他有一副好嗓子，这时候，就像唱戏一样高低音配合，都是一套一套地吆

喝出来，招来很多人看他。晚上，他开亮了红色绿色的灯泡，照着发亮的铜盖子，非常显眼。大人小孩挤着来买糖，也有不少是来看热闹的。说实在话，这药糖没什么好吃的，不过是五颜六色的好看。比如绿色的，是薄荷的，有点儿凉味儿；金黄色的，是橘子的，有点儿橘子香味儿；大红色的，是红果的，有点儿甜酸味儿。这些五颜六色的药糖，吸引了很多小孩子。

傻二哥卖药糖，有耐心，不怕麻烦。小孩们买糖，经常是为了好看。买去了，想想不好，又来换红的，换绿的，绿的又换黄的，往往要换好几次。傻二哥都耐心对待，不嫌麻烦。

1948年，我到青岛唱戏，离开了天津，还常常想起卖药糖的傻二哥。1958年，我到天津演戏，傻二哥忽然来看我。他在糖厂工作，还是一个业余演员呢！

（本文作者新凤霞，有改动）

shǎ	jīn	hán	suǒ	wǎn	wǔ
傻	津	含	锁	挽	捂

生　词　NEW WORDS

傻	shǎ	stupid; simpleton	专用	zhuān yòng	for a special purpose
天津	Tiān jīn	a Chinese city	挽	wǎn	roll up
度过	dù guò	spend; pass	玻璃	bō li	glass
工业	gōng yè	industry	盖子	gài zi	lid; cover
吆喝	yāo he	cry one's wares; cry out	电池	diàn chí	cell; battery
有腔有调	yǒu qiāng yǒu diào	full of tune; very impressive	钳子	qián zi	pincers; pliers; forceps
药糖	yào táng	medical candy	卫生	wèi shēng	hygiene; health
消愁解闷	xiāo chóu jiě mèn	divert oneself from boredom	走街串巷	zǒu jiē chuàn xiàng	walk from one street to another
含	hán	keep in the mouth	弓	gōng	bend
爽	shuǎng	refreshed; comfortable	蹬	dēng	guggling with the feet
便宜坊	Biàn yí fāng	name of a restaurant famouse for roast ducks	捂	wǔ	cover; muffle
包子	bāo zi	steamed stuffed bun	显眼	xiǎn yǎn	conspicuous; showy
锁	suǒ	lock	薄荷	bò he	peppermint
热心	rè xīn	enthusiastic; warm-hearted	红果	hóng guǒ	haw
			对待	duì dài	treat; handle

词语例解

的 助词

1. 与其他词语一起构成"……的"(of)，修饰名词。例如：

    那时，天津是一个热闹的工业城市。

    这是你的笔，给你！

    新鲜的空气有助于身体健康。

2. 组成名词性的短语。例如：

    比如有一个卖药糖的，他的吆喝就很讲究。

    买去了，想想不好，又来换红的，换绿的，绿的又换黄的。

    我的书忘记带了，只好借别人的看看。

3. 用在句尾，表示强调或肯定的语气。表示强调时，常与"是"字一起构成"是……的"格式。例如：

    我的童年是在天津度过的。

    你们这两天可真够辛苦的。

做买卖

从事某种商业活动(do business; carry on trade)，一般指小本生意。例如：

    连做小买卖的吆喝声，都是有腔有调的。

    他是做买卖的，当然要赚你的钱。

* 也说"做生意"。中间还可以插入"大""小"等词语。如"做小买卖""做大买卖""做了一桩大买卖"等。

很 副词

表示程度高(very)。可以用在形容词和动词的前边，做状语。例如：

    比如有一个卖药糖的，他的吆喝就很讲究。

这些五颜六色的药糖，吸引了很多小孩子。

这是一件很有意思的事情。

也可以用在“得”后，做补语。例如：

他做事认真得很。

这里一年四季热闹得很。

麻烦

1. 形容词。费事，不方便(troublesome; inconvenient)。例如：

   傻二哥卖药糖，有耐心，不怕麻烦。

   这件事如果太麻烦，你就不用管了。

2. 动词。使人不方便(trouble sb.; bother sb.)。例如：

   对不起，麻烦你了。

   自己能做的事，尽量不要去麻烦别人。

业余 形容词

1. 工作时间以外的(in one's spare time)。例如：

   业余时间可以做些户外活动。

   这是一所业余学校。

2. 不是专业的(amateur)。例如：

   他在糖厂工作，还是一个业余演员呢！

   他只是一个业余歌手，居然唱得这么好！

练　　习

一　熟读课文，回答问题。

1. 那时的天津是一个什么样的城市？
2. 人们为什么叫他“傻二哥”？

3. 傻二哥的吆喝声有什么特点？
4. 为什么有许多小孩子挤着来买药糖？
5. 傻二哥是个怎样的人？

二　**本文出现不少颜色词。阅读下边这个片段，把你知道的颜色词写出来，越多越好。**

汉语里表示颜色的词很多，除了“红、黄、蓝、白、绿”等基本的颜色词之外，还有一些复合词。一种是把一个名词和基本颜色词组合起来，如粉红、桃红、豆绿、米黄等。一种是在基本颜色词前边加上表示程度的词语，如“大红、深红、浅蓝、淡绿”等。一种是把两个基本颜色词组合在一起，如“紫红、灰白”等。此外还有“咖啡色、奶油色”，等等。

你所知道的颜色词：

三　**按照题意完成练习。**

1. 用下边的词加上“的”组成尽可能多的短语。

　热闹——

　有趣——

　好看——

2. 用“的”完成句子。

　这是我的书包，________________________。

　今天我买了很多菊花，________________________。

3. 用“很”改写下列句子。

　我把这本书又仔仔细细地看了一遍。

　他对我说的话非常感兴趣。

　他不太赞成我自己开车出门。

　这件事说起来容易，做起来就不容易了。

四　读读记记，用加线的词语造句。

天津　工业　<u>热心</u>　专用　玻璃
卫生　显眼　<u>麻烦</u>　<u>对待</u>　<u>业余</u>

五　阅读下边的片段，想想课文为什么说“天津是个热闹的工业城市，天津人又有爱玩爱唱的传统”。

那时，天津是个热闹的工业城市。就是在南市贫民区，也有很多好(hào)玩爱唱的人，还有业余演员聚会的地方。每天有人吹拉弹(tán)唱，十分热闹。特别是在夏天，吃过晚饭后，人们就三三两两地出来了。虽然是挤在小胡同里，不过大人小孩都非常多。不只是白天常听见有人唱，深夜里也常常听到唱戏的声音。那时的天津，好像到处都有音乐声。

5 荔枝蜜

花鸟草虫，凡是上得画儿的，那原物也往往叫人喜爱。蜜蜂是画家喜爱的东西，我却总是不大喜欢。说起来可笑，小时候有一回上树摘花，不小心叫蜜蜂蜇了一下，疼得我差点儿摔下来。大人告诉我，蜜蜂轻易不蜇人，准是误以为你要伤害它，才蜇；一蜇，它自己也就活不久了。我听了，觉得那蜜蜂可怜，原谅它了。可是从此以后，每逢看见蜜蜂，总觉得不那么舒服。

今年四月，我到广东的一处温泉住了几天。刚去的当晚是个阴天，偶尔靠着窗口一望，奇怪啊，怎么楼前凭空出现那么多小山？记得楼前是一片园林，不是山。这到底是什么幻景呢？等到天明一看，忍不住笑了。原来是满野的荔枝树，一棵连着一棵，黑夜看去，可不就像小山似的！

荔枝也许是世上最鲜最美的水果。偏偏我来得不是时候，荔枝刚开花。满树浅黄色的小花，并不出众。新长出来的嫩叶，颜色淡红，比花倒还好看些。从开花到果实成熟，大约得三个月，看来我是等不及在这儿吃鲜荔枝了。

吃荔枝蜜，倒是时候。有人也许没听说过这东西吧？这里的荔枝树多得像汪洋大海，开花时节，那蜜蜂满野嘤嘤嗡嗡，忙得忘记早晚。荔枝蜜的特点是成色纯，养分多。住在温泉的人多半喜欢吃这种蜜，滋养身体。一位热心的人送给我两瓶。一开瓶子盖儿，就是那么一股香甜；调上半杯一喝，香甜里带着股清气，很有点儿鲜荔枝的味儿。

我不禁动了情，想去看看一向不大喜欢的蜜蜂。

荔枝林深处，隐约露出一个白色的屋子，那是养蜂场，却起

了个有趣的名儿，叫“养蜂大厦”。一走进“大厦”，只见许许多多的蜜蜂出出进进，飞去飞来，那热闹的情景会使你想，说不定蜜蜂也在赶着建设什么新生活呢。

我就问养蜂员：“像这样一窝蜂，一年能割多少蜜？”

他说：“能割几十斤。蜜蜂这东西，最爱劳动。广东天气好，花又多，蜜蜂一年四季都不闲着。酿的蜜多，自己吃的可有限。每回割蜜，留下一点点，够它们吃的就行了。它们从来不争，也不计较什么，还是继续劳动，继续酿蜜，整日整月不辞辛苦……”

我又想起一个问题，就问：“一只蜜蜂能活多久？”

他回答说：“蜂王可以活三年，工蜂最多活六个月。”

啊！多可爱的小生灵啊！对人无所求，给人的却是极好的东西。蜜蜂是在酿蜜，又是在酿造生活；不是为自己，而是为人类酿造最甜的生活。蜜蜂是渺小的，蜜蜂又是多么高尚啊！

这天夜里，我做了个奇怪的梦，梦见自己变成了一只小蜜蜂。

（本文作者杨朔，有改动）

lì zhē liàng wāng shà miǎo

荔 蜇 谅 汪 厦 渺

生 词 NEW WORDS

荔枝	lì zhī	litchi
喜爱	xǐ ài	like; be fond of
蜇	zhē	sting; irritate
原谅	yuán liàng	excuse; forgive; pardon
广东	Guǎng dōng	a Chinese province
温泉	wēn quán	hot spring
园林	yuán lín	garden; park
幻景	huàn jǐng	illusion; mirage
偏偏	piān piān	wilfully
汪洋大海	wāng yáng dà hǎi	boundless ocean
嘤嘤嗡嗡	yīng yīng wēng wēng	chirp
成色	chéng sè	quality
养分	yǎng fèn	nutrient
滋养	zī yǎng	nourish
隐约	yǐn yuē	indistinct; faint
大厦	dà shà	large building; mansion
建设	jiàn shè	build; construct
有限	yǒu xiàn	limited; finite
不辞辛苦	bù cí xīn kǔ	make nothing of hardships
生灵	shēng líng	the living beings
酿造	niàng zào	make; brew
渺小	miǎo xiǎo	tiny; insignificant

词语例解

偶尔 副词

有时候(once in a while; occasionally)。例如：

偶尔靠着窗口一望，怎么楼前凭空出现那么多小山？

我只是偶尔看看中文小说。

天慢慢阴了下来，偶尔能看见一两颗星星。

＊“偶尔”与“经常”相对，表示次数很少；“偶然”与“必然”相对，表示意外。例如：

我只是偶然在公园里看见过他。

这是一次偶然事故。

也许 副词

表示不很肯定(maybe; perhaps)。例如：

荔枝也许是世上最鲜最美的水果。

有人也许没听说过这东西吧？

你去劝劝他，也许他就愿意去了。

得 助词

1. 用在动词或形容词的后边，连接表示程度或情态的补语。表示否定是在“得”后加“不”。例如：

   偏偏我来得不是时候，荔枝刚开花。

   这里的荔枝树多得像汪洋大海。

   她的话说得不太清楚。

2. 用在动词的后边，表示可能，可以。表示否定是在“得”前加“不”。例如：

   这双鞋不小，还穿得。

   篮子里装的是鸡蛋，压不得。

3. 用在动词和结果补语中间，表示可能，如“赶得上”“拿得动”“办得到”。否定说法是把“得”换成“不”，如“赶不上”“拿不动”“办不到”。

一向 副词

一直，表示从过去到现在 (consistently; all along)。例如：

我不禁动了情，想去看看一向不大喜欢的蜜蜂。

她这个人一向热情好客。

他一向不大爱说话。

* “一向”只表示时间；“一直”既可以表示时间，也可以表示空间。例如：

他进教室后一直没有说话。

从这里一直往前走，很快就能看到邮局的大门了。

计较 动词

1. 对某事在意 (bother about; fuss about)。例如：

它们从来不争，也不计较什么……

这点儿小事不值得计较。

他从来不计较个人得失。

2. 争论 (argue; dispute)。例如：

我现在不跟你计较，等你心情好了再说。

练　习

一　**读读记记，并把这些词语扩展成短语。**

喜——喜欢——　　谅——原谅——

幻——幻景——　　汪——汪洋——

滋——滋养——　　厦——大厦——

酿——酿造——　　渺——渺小——

二　把括号中的词语放在句中合适的地方。

1. 我平常不太出去，只是到公园玩玩。(偶尔)
2. 有人敲门，是爸爸回来了。(也许)
3. 我正在忙着呢，你这会儿来了。(就)
4. 他不喜欢和别人开玩笑。(一向)
5. 听着听着，她大笑起来。(不禁)

三　仿照例子造句。

1. 记得楼前是一片园林，不是山。

   是……，不是……

2. 蜜蜂不是为自己，而是为人类酿造最甜的生活。

   不是……，而是……

3. 蜜蜂是渺小的，蜜蜂又是多么高尚啊！

   是……，又是……

四　熟读课文，背诵“蜜蜂这东西，最爱劳动……蜜蜂又是多么高尚啊”。

五　阅读下边的片段，完成练习。

蜜蜂，这美妙神奇的小东西给人赞美得够多了。当我们看到繁花似锦的时候，会想到它。尝到香喷喷的蜜糖的时候，会想到它。有时，就是看到出色的劳动者博采众人之长，进行创造的时候，也禁不住想到它。

1. 为什么看到出色的劳动者博采众人之长，人们会想到蜜蜂？
2. 找出与课文中的“不禁”意思相同的词语，并造句。
3. 用“当……的时候”造句。

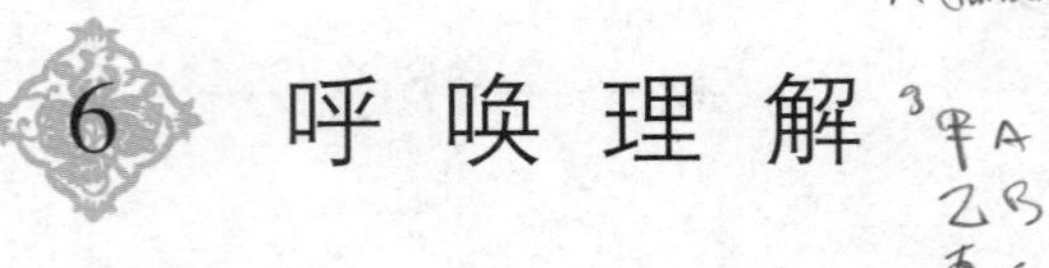

6 呼唤理解

我们常常会发现这样的现象：在一个家庭里，孩子长大了，父母和孩子之间的摩擦也就多起来了。他们往往互相抱怨对方不理解自己。到底是谁不理解谁呢？某中学组织部分家长与学生代表进行了一次对话。下面是这次对话的部分内容。

学生甲：子女与家长之间为什么会产生矛盾呢？我认为主要是因为家长不理解我们。理解必须建立在平等的基础上，可是子女和家长之间并没有平等的关系。平时家长跟我们谈话，老是一副教训的口吻，我们只能乖乖地听着。

家长甲：要说平等，家长与子女之间在于人格上的平等，也就是说，双方必须互相尊重。但这并不意味着子女有了缺点，家长就不能批评教育。古人说：“养不教，父之过。”批评子女的缺点，是对子女成长负责，是尽我们做家长的责任。反过来说，子女听从父母的教育，也是对父母的一种尊重。

学生乙：您说得很对，家长和子女的确应该互相尊重。可有

时家长并不尊重我们的意愿。拿我来说吧，我喜欢文科，父母却认为学文科没出息，非要我学理科；我爱模仿自己崇拜的明星穿衣打扮，父母就说我不像学生的样子；学校搞活动我回来晚一点儿，父母就要问这问那。我多希望他们在思想上、感情上更加理解我、尊重我啊！

家长乙：我们做家长的都是过来人，有着比较丰富的人生阅历。根据我们的经验来看，孩子的许多想法都是出于一时的兴趣，缺乏长远的考虑。比如说学文科，将来就业机会就比学理科少得多。所以，我们有时对孩子管得多一点儿，严一点儿，主要是出于关心。我们只是想帮助孩子分清是非与利弊，以免他们走弯路。

学生丙：家长教育我们当然没有错，问题在于你们的教育思想和方法太陈旧了。你们心目中的好孩子就是老老实实、规规矩矩的；而我们喜欢独立思考，喜欢冒险与挑战。我们自己的路，要自己走！

………

家长丙：孩子们，听了你们的发言，我们承认，对你们这一代人我们的确理解不够。时代在进步，我们做家长的也要不断学习，更好地认识自己和孩子。可我也要跟你们说句心里话，尽管父母有时对孩子不够理解，但是，父母为孩子所做的一切完全是出于爱。等你们长大了，也做了父母，就能理解天下父母的心了。

bǐng	yǐ	guāi	yuè	wěn	chóng	bì
丙	乙	乖	阅	吻	崇	弊

生　词　NEW WORDS

呼唤	hū huàn	call; shout to
理解	lǐ jiě	understand; comprehend; comprehension
现象	xiàn xiàng	appearance(of things); phenomenon
摩擦	mó cā	clash(between two parties); friction
组织	zǔ zhī	organize; form
建立	jiàn lì	establish; set up
平等	píng děng	equal
基础	jī chǔ	foundation; base; basis
口吻	kǒu wěn	tone; note
人格	rén gé	personality; character; moral quality
尊重	zūn zhòng	respect; esteem
负责	fù zé	be responsible for; be in charge of
的确	dí què	indeed; really
意愿	yì yuàn	wish; desire
文科	wén kē	liberal arts
出息	chū xi	prospects; future
理科	lǐ kē	science(as a school subject)
崇拜	chóng bài	worship; adore
过来人	guò lái rén	a person who has had the experience
阅历	yuè lì	experience
利弊	lì bì	advantages and disadvantages
陈旧	chén jiù	outmoded; obsolete
独立	dú lì	independent; on one's own
冒险	mào xiǎn	take a risk; take chances
挑战	tiǎo zhàn	challenge
发言	fā yán	speak; make a statement or speech
承认	chéng rèn	admit; recognize

词语例解

在于 动词

1. 指出事物的关键；正是，就是(lie in; rest with)。一般要带名词、动词或者小句做宾语。例如：

   要说平等，家长与子女之间在于人格上的平等。

   她的优点在于凡事爱独立思考。

2. 决定于(be determined by; depend on)。例如：

   一年之计在于春。

   去不去，在于你。

只是

1. 副词。仅仅是(merely; only; just)。前后常有说明或解释情况的词语、句子。例如：

   我们只是想帮助孩子分清是非与利弊。

   这只是一种借口。

2. 连词。表示轻微的转折，跟“不过”(however)相近。例如：

   他的话没错，只是说话的方式不太合适。

矛盾

1. 名词。(contradiction)。例如：

   子女与家长之间为什么会产生矛盾呢？

   这并不是他们的主要矛盾。

2. 动词。(contradict)。例如：

   这两种意见并不矛盾。

   他的解释前后自相矛盾。

是非 名词

1. right and wrong。例如：

一个人应该有是非观念。

我们只是想帮助孩子分清是非与利弊，以免他们走弯路。

这事明明是他不对，你怎么不分是非啊？

2. the rights and wrongs。例如：

这个女人爱说别人的是非。

他害怕惹是非，所以不敢多说话。

意味着 动词

多用于书面语。必须带动词性短语做宾语，主语多为动词。

1. 表示、标志着 (signify; imply)。例如：

科学的发展意味着人类的进步。

2. 含有某种意思，可以认为 (mean)。例如：

家长与子女必须互相尊重，但这并不意味着家长不可以批评子女。

练　习

一　读拼音，写汉字。

jiǎ______　yǐ______　bǐng______　dīng______

guāi______　wěn______　chóng______　bì______

二　根据课文内容填空。

______矛盾　______尊重　______责任　______思考

人格______　崇拜______　分清______　阅历______

三　听课文录音，回答下列问题。

1. 学生甲认为子女与家长之间为什么会产生矛盾？
2. 家长甲的观点是什么？
3. 学生乙的父母为什么不让他学文科？
4. 家长心目中的好孩子是什么样的？
5. 学生丙想过什么样的生活？

四　用指定的词语完成句子。

1. 孩子长大了，那就________________。（意味着）
2. 在一个家庭里，________________。（互相）
3. 她有一个不好的习惯，________________。（是非）
4. 请别误会，我________________。（只是）
5. 他们俩________________。（谁……谁……）
6. 大城市的污染越来越严重，________________。（在于）
7. 他拿出所有的钱捐给灾区人民，这样做完全是____________。（出于）
8. 我们承认，________________。（的确）
9. ________________，在这个地方小有名气。（要说）
10. 中国政府为什么要实行计划生育政策呢？______________。（是因为）

五　课堂讨论。

1. 你认为家长和孩子到底谁不理解谁呢？
2. 课文中反映的家庭问题在你身边有吗？如果有，你怎么对待呢？

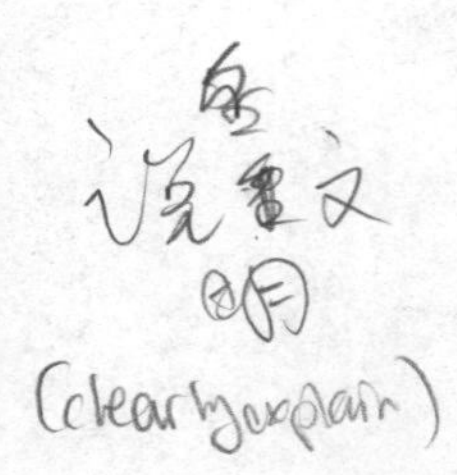

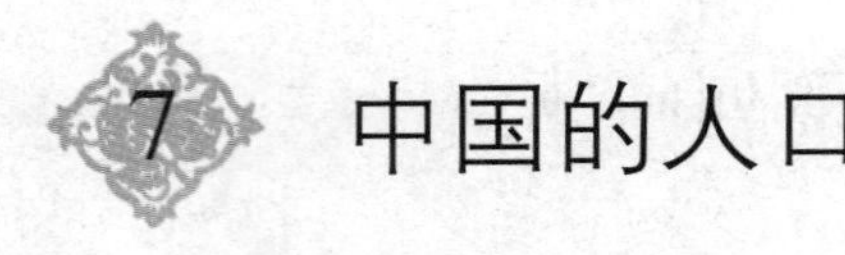

7 中国的人口

中国是世界上人口最多的国家，到1998年底已经达到12亿多了，差不多占全世界人口总数的21%。换句话说，世界上每五个人中，就有一个是中国人。如果全中国的人手拉手站成一排，可以环绕地球赤道40多圈。

中国不但人口多，分布也很不均匀。东部人口稠密，特别是在沿海地区的平原地带，每平方千米大约有五六百人；西部的人口就稀疏多了，每平方千米还不到50人。

由于多种原因，近几十年来中国的人口增长很快，每年增加的人口大约比荷兰、葡萄牙、匈牙利等一个国家的人口总数还要多。这给中国的社会、经济、资源、环境等都带来了沉重的负担。从70年代末开始，中国政府把实行计划生育作为一项长期的基本国策，提倡一对夫妻只生一个孩子，使五六十年代以来人口过快增长的状况得到了控制。

二十多年过去了，中国的计划生育工作取得了举世瞩目的成就。据统计，实行这项国策以来，全国少生3亿多；前不久国家发布的最新消息说，1998年中国人口出生率首次降至1%以下。中国政府成功地控制人口，不仅有利于中国经济的发展，而且对控制全球的人口也做出了很大的贡献。

尽管如此，控制人口增长仍然是目前中国急需解决的一个重大课题。计划生育政策在城市执行得比较好，在农村则遇到不少阻力。“重男轻女”“养儿防老”的传统观念，以及家庭需要劳动力，社会保障制度尚未完善等实际问题，使得这项国策难以顺利实行。

中国仍然是一个发展中国家，人口过多和过快增长，对经济和社会发展都有一定的负面影响，同时也会影响到中国人口整体素质的提高。可以说，人口问题仍然是中华民族生存与发展的重大问题。

chì	pú	táo	xiōng	zhǔ	chàng	lǜ	wèi	zhàng
赤	葡	萄	匈	瞩	倡	率	未	障

生　词　NEW WORDS

环绕	huán rào	surround; encircle; revolve around
赤道	chì dào	the equator
分布	fēn bù	be distributed (over an area); be dispersed
均匀	jūn yún	even; well-distributed
平原	píng yuán	plain
地带	dì dài	district; region; zone
稀疏	xī shū	few and scattered
增长	zēng zhǎng	increase; rise; grow
沉重	chén zhòng	heavy
负担	fù dān	burden; load
末	mò	end; last stage
计划生育	jì huà shēng yù	family planning; birth control
基本	jī běn	basic; fundamental
国策	guó cè	the basic policy of a state
提倡	tí chàng	advocate; promote

举世瞩目	jǔ shì zhǔ mù	be the focus of world attention
统计	tǒng jì	statistics; count
发布	fā bù	issue; release
率	lǜ	rate
课题	kè tí	problem; task
执行	zhí xíng	carry out; execute
阻力	zǔ lì	obstruction; resistance
观念	guān niàn	sense; idea
保障	bǎo zhàng	ensure; guarantee
制度	zhì dù	system; institution
尚未	shàng wèi	have not; not yet
完善	wán shàn	perfect; consummate
负面	fù miàn	negative respect
素质	sù zhì	quality; level of competence

词 语 例 解

换句话说

用另外一个说法说明这个意思 (in other words)。例如：

中国人口占全世界人口总数的21%，换句话说，世界上每五个人中，就有一个是中国人。

他没有兄弟姐妹，换句话说，他是家里的独生子。

* 汉语中有很多这样的用法，叫“插入语”。如“可以说”“实际上”等。

以……为……

把某人或某事当做（看做）…… (take...as...; regard...as...)。例如：

中国一直是一个以农业为主的国家。

运动员以获得奥运会金牌为荣。

俗话说，民以食为天。

对 介词

1. 介绍出动作的对象 (for; at; to)。例如：

   小黄对我笑了笑，没说什么。

   我对他说：“早点儿回来。”

2. 表示人、事、行为之间的关系。例如：

   中国政府成功地控制人口，不仅对中国经济的发展起到了良好的促进作用，而且对世界的发展也做出了很大的贡献。

   大家对这个问题的意见是一致的。

* “对于”也是介词，主要引进对象或事物的关系者，“对”的后一项中的两个例子都可以用“对于”替换。

据 介词

依照，根据；有时表示消息的来源或判断的依据(according to;on the grounds of)。例如：

据报道，今年的小麦产量比去年要高。

据我所知，他的小说已经改编成电视剧。

这个问题据我看不难解决。

完善

1. 动词。（使）变得完美(perfect; complete)。例如：

我们要继续完善我们的计划。

2. 形容词。完美(perfect; consummate)。例如：

我国社会保障制度还不够完善。

这所学校的教学设备十分完善。

练　习

一　熟读课文，回答问题。

1. 课文用了什么方法来表示中国人口多？
2. 除了数量多以外，中国人口还有什么特点？
3. 为了改变人口过多和过快增长的状况，中国政府实行了什么政策？
4. 现在看来，这项政策的效果怎么样？

二　写出带下列部首的字，越多越好。

艹：

目：

亻：

阝（在左）：

三　仿照例句造句。

1. 中国不但人口多，分布也不均匀。

   不但……也……：

2. 比荷兰、葡萄牙、匈牙利等一个国家的人口总数还要多。

   比……还要多：

3. 这给中国的社会、经济、资源、环境等都带来了沉重的负担。

   给……带来了……：

4. 使五六十年代以来人口增长过快的状况得到了扭转。

   使……得到了……：

四　读读写写，用加线的词造句。

环绕	均匀	<u>提倡</u>	观念
<u>实行</u>	<u>提高</u>	保障	基本

五　把下列句子译成英语。

1. 中国的人口差不多占全世界人口总数的21%。
2. 几千年来，中国一直是一个以农业经济为主的国家。
3. 提倡一对夫妻只生一个孩子。
4. 人口问题仍然是中华民族生存与发展的重大问题。

8 住宅电话

二十年前，要是哪位新搬来的邻居家响起电话铃声，你心里可能会不由得一惊：这个邻居准是个什么特殊人物！可如今，电话就像彩电、冰箱一样，在中国的家庭里越来越普遍了。

70年代末期，城市私人住宅电话还寥寥无几。到了80年代，住宅电话虽然有所增加，也仅占城市电话用户总数的1%。进入90年代以来，私人住宅电话开始成为新的社会消费潮流，主要消费者从少数先富起来的人扩展到了广大工薪阶层，特别是在大城市和沿海经济发达地区，出现了前所未有的“电话消费热”。私人住宅电话用户猛增，已经占全国城市电话新增用户的七八成，平均每天有九千多户城市家庭装上电话。到现在，住宅电话已经走进农村家庭，给千百万农户送去了各方面信息。

电话进入家庭，极大地方便了人们的工作和生活。了解信息、聊天儿、谈生意、询问天气、祝贺节日等等都离不了它。住宅电话使相隔千里的亲朋好友仿佛近在咫尺，也给那些家里有老人、孩子而每天在外工作的人解除了后顾之忧。特别是那些孤寡老人，电话简直成了他们的生命线。有了它，就多了一份安全感，也增加了许多温暖和亲情。电话进入家庭更对青少年产生了重要的影响，他们在学习、工作、娱乐中频繁地使用电话，通过电话与人交往，了解外面的世界。小小一部电话，长长一根电线，使中国人的生活变得现代、快捷。

据有关部门调查，电话机、录像机、空调已成为90年代中国家庭消费的新“三大件”。近十几年来，中国电信业的发展速度居世界首位。不仅电话网的覆盖面越来越大，而且无线寻呼、移动

电话、磁卡电话、传真电话等世界先进的通讯手段也在中国得到迅速发展。为了满足人们对电话的需求，不少城市将7位号码升至8位，并大幅度下调安装费用，极大地方便了电话用户。可以相信，到下一个世纪，中国电信业将会有更大的发展，住宅电话将会给人们带来更多的喜悦。

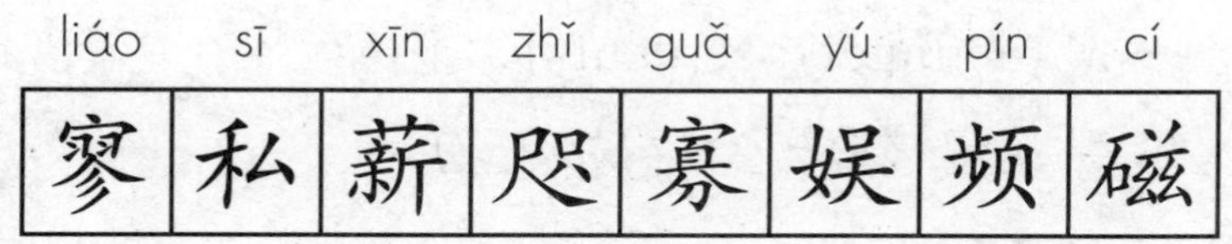

生　词　NEW WORDS

生词	拼音	English
住宅	zhù zhái	residence; dwelling
寥寥无几	liáo liáo wú jǐ	very few
发达	fā dá	developed; flourishing
前所未有	qián suǒ wèi yǒu	hitherto unknown
消费	xiāo fèi	consume
潮流	cháo liú	trend
聊天儿	liáo tiānr	chat
亲朋好友	qīn péng hǎo yǒu	one's family members and friends
仿佛	fǎng fú	as if; seem
咫尺	zhǐ chǐ	very near
后顾之忧	hòu gù zhī yōu	trouble back at home
孤寡	gū guǎ	solitary; isolated
娱乐	yú lè	amusement; entertainment
频繁	pín fán	frequently; often
交往	jiāo wǎng	association; contact
调查	diào chá	investigation
无线	wú xiàn	wireless
磁卡	cí kǎ	magnetic card
传真	chuán zhēn	portraiture; facsimile; fax
通讯	tōng xùn	communication
手段	shǒu duàn	medium; method
幅度	fú dù	range; extent
安装	ān zhuāng	install; fix
费用	fèi yòng	fee; charge; expenses

词语例解

准

1. 形容词。准确 (accurate; exact)。例如：

   你的手表准吗?

   他投球投得很准。

2. 副词。一定 (definitely; certainly)。例如：

   这个邻居准是个什么特殊人物!

   我明天准去。

   今天夜里准得（děi）下雨。

成

1. 量词。十分之一叫"一成"(one tenth)。例如：

   私人住宅电话已经占全国城市电话用户的七八成。

   今年的产量增加了两成。

2. 动词。完成；成为 (accomplish; become)。例如：

   功到自然成。

   电话简直成了他们的生命线。

   两个人成了好朋友。

新

1. 形容词。(new; fresh; up-to-date)。例如：

   下面请听最新消息。

   工人们采用新技术、新方法，不断推出新的款式。

2. 副词。新近；刚 (newly; recently)。例如：

   私人电话已占城市电话新增用户的七八成。

   他是新来的，怪不得好多人都不认识他。

   这几本书是我新买的。

简直 副词

强调完全是这样或差不多是这样 (simply; at all)。例如：

电话简直成了他们的生命线。

这幅画简直像真的一样。

你这个人，简直是不像话！

居 动词

在（某种位置）(be in a certain position; occupy a place)。例如：

中国电话网的发展速度居世界首位。

这个城市的人口居全国第二位。

照片上，女儿在左，母亲在右，父亲居中。

练　习

一　读一读，比一比。

新——薪　　误——娱　　顾——频　　滋——磁

二　选词填空。

1. 目前，中国仍然是一个（　　）中国家，而不是（　　）国家。　(A. 发展　B. 发达)
2. 从他们那里，我们（　　）了很多帮助，并（　　）不少宝贵的经验。　(A. 得到　B. 学到)
3. 孩子，（　　）是那些没有父母的孩子，应该给予（　　）照顾。　(A. 特殊　B. 特别)

三　用所给的词语把句子补充完整。

1. ____________，你去不去？（要是）
2. 这么晚了他还没回来，____________。（准）
3. 我们班有22个女同学，____________。（占）
4. 西湖的风景真美，____________（简直）
5. 这几年，私人汽车数量猛增，已经____________。（前所未有）

四　课堂小话题：有人认为，电话在给人们带来方便的同时，也带来了一些烦恼。你觉得呢？

五　以“我和电话”为题，写一段话，字数在200左右。

提示：

你经常使用电话吗？

在家里，找你的电话多吗？

你觉得电话方便吗？

想一想，将来的电话什么样？

9 闯市场的温州人

温州，位于浙江的南部山区。那里曾经是一个贫穷落后的地方，人多地少，交通不便，又缺少自然资源。但是，随着中国的改革开放，温州人凭着自己的聪明才智和勤奋努力，在短短的时间内，把自己的家园建设成了一个四通八达的现代化城市。

早期的温州以大大小小的家庭工厂闻名。他们生产的是一些小商品，像纽扣、标牌等。这些小商品，国营大厂不愿生产而市场上又十分需要。例如温州的桥头镇，曾经是中国最大的纽扣市场。这里家家办厂，户户开店，生产的纽扣销往全国各地。“小商品，大市场”是温州开始创业时期的突出特点。

随着经济的发展，温州的家庭工厂遇到了挑战。以制鞋业为例，在90年代以前，这里的皮鞋大多是采用锤子榔头敲敲打打的方式，从各个家庭里生产出来的。为了以低价保住市场，他们就尽量想办法降低成本，常常用质量差的材料欺骗消费者，结果出现了穿不到一天就坏了的“晨昏鞋”。1987年10月，在杭州，商家和消费者点起一把大火，愤怒地烧毁了温州的皮鞋。从那以后，人们不再相信温州的产品了。为了扭转这种不利局面，一位年轻的老板联合多家企业，成立了长城鞋业公司，并在上海街头立下了“修筑质量长城”的誓言。他们进口优质原材料，购买先进设备，以机械化代替了原来的手工生产。工厂不断推出各种新款式吸引消费者。更重要的是，他们还向消费者提供良好的质量保证。皇天不负有心人，长城鞋业公司的皮鞋一问世，很快就赢得了市场。一次，一个鞋厂老板去拜访一位意大利的鞋业专家，这位专家看到他脚上的皮鞋时，不禁眼睛一亮，仔细看过之后说道：“如

果你们那里有很多企业能做这样的皮鞋，意大利皮鞋王国的地位就要受到威胁了。”

温州的纽扣市场

温州人善于闯市场，市场也造就了温州人。近几年来，一些有眼光的企业家开始把目光转向国外，关注国外市场。难怪有人说：“哪里有市场，哪里就有温州人；哪里没有市场，哪里就出现温州人。”在越来越激烈的市场竞争中，温州人会变得更加成熟，自信；温州，这座中国改革开放中出现的农民城，也将迎来更大的辉煌！

zhè	xiè	zhèn	nù	kuǎn	huī	huáng
浙	懈	镇	怒	款	辉	煌

生　词　NEW WORDS

市场	shì chǎng	marketplace; market
位于	wèi yú	be situated in; lie
贫穷	pín qióng	poor; needy; impoverished
才智	cái zhì	ability and wisdom
四通八达	sì tōng bā dá	extend in all directions
创业	chuàng yè	start an undertaking; do pioneering work
降低	jiàng dī	reduce; cut down
成本	chéng běn	cost
愤怒	fèn nù	be angry
毁	huǐ	destroy; ruin
挽回	wǎn huí	retrieve; redeem
质量	zhì liàng	quality
进口	jìn kǒu	import
款式	kuǎn shì	pattern; style; design
赢得	yíng dé	gain; win
眼光	yǎn guāng	eye; sight
关注	guān zhù	pay close attention to
竞争	jìng zhēng	competition
造就	zào jiù	bring up; train
成熟	chéng shú	ripe; mature
自信	zì xìn	self-confident
辉煌	huī huáng	brilliance; splendour; glory

词语例解

突出 形容词

1. 鼓出来(projecting; sticking out)。例如：

 突出的岩石

2. 超过一般(outstanding; prominent)。例如：

 “小商品，大市场”是温州第一次创业时期的突出特点。

 她在班上向来学习努力，成绩突出。

 中国的改革开放取得了突出的成就。

尽 动词

1. 表示穷尽的意思，通常用在固定搭配如“尽量”“尽早”“尽可能”当中，不单独使用。例如：

 你要尽早把这件事办好。

 请大家尽可能减少错误。

2. 用在动词之后，表示动作完成。例如：

 温州人也丢尽了面子。

 父母想尽办法给孩子治病。

 他用尽了全身的力气，也没搬起那块石头。

不禁 副词

抑制不住；禁不住（can not help; can not refrain from）。例如：

 这位专家看到他脚上的皮鞋时，不禁眼睛一亮。

 想起那天的情景，老王不禁心酸起来。

 听到这儿，大家不禁鼓起掌来。

难怪 副词

表示明白了原因，不再觉得奇怪(no wonder)。这里的“难”有“不应该”的意思。例如：

难怪有人说：“哪里有市场，哪里就有温州人；哪里没有市场，哪里就出现温州人。”

这个节目他演了很多次了，难怪演得这么好。

难怪教室这么干净，他们打扫了一个下午了。

哪里……哪里……

前后呼应，表示条件关系 (wherever; where)。例如：

哪里有市场，哪里就有温州人；哪里没有市场，哪里就出现温州人。

哪里有水，哪里就有生命。

他工作到哪里，就在哪里受到欢迎。

*“哪里”用在答话里，表示否定，是一种客气的说法。也可以两个连用。例如：

太麻烦您了！——哪里！这是应该的。

你干得很不错啊！——哪里哪里，还差得远呢！

练　习

一　对比左右两组的字，说说右边一组多了什么，再注音、组词。

折　　浙（　　）______

真　　镇（　　）______

解　　懈（　　）______

免　　挽（　　）______

二　仿照例子做扩展练习。

缺少——缺少资源——缺少自然资源——有些地区十分缺少自然资源。

降低——

挽回——

赢得——

三　根据课文内容回答问题。

1. 改革开放给温州带来了什么变化？
2. 早期的温州经济有什么特点？
3. 温州人生产的鞋怎么样？
4. 人们怎么评价温州人？

四　给句中加线的词语选择合适的义项。

1. 闯市场的温州人（A. 猛冲　B. 在实际生活中锻炼）
2. 她在班上表现很突出。（A. 鼓出来　B. 超出一般）
3. 他们的产品一问世，很快就赢得了大家的信任。
　（A. 出生　B. 读物或商品和读者或消费者见面）
4. 温州人善于闯市场，市场也造就了温州人。
　（A. 很会　B. 具有某种特长）
5. 难怪她这么愤怒，原来她的钱包被人偷走了。
　（A. 不应该责怪　B. 怪不得）

五　阅读下面的文字，完成练习。

在温州的金乡镇，有一座五层大楼，这是金乡邮电局为处理市场业务联系而专门盖起来的。大楼里的十几位姑娘日夜工作，使全国40万个大小企业每周都能收到一封来自这个小镇的推销信；其中0.5%的回信又使全镇2900多家工厂不停地运转。

1. 查字典，找出下列词语的解释。

处理　专门　日夜　来自　推销　运转

2. 用“在……，有……，这是……”的格式写几句话，描写一下教室、校园或其他你经常去的地方。

10 我看中国的变化

从 80 年代中期到现在，我先后几次来中国参观、学习、工作。在这十几年的时间里，我亲身经历了中国的改革开放，看到了中国实行改革开放以后的巨大变化。

1985 年我第一次来北京。那时候，中国只有极少数家庭有电视，酒吧、剧场也少得可怜。一到晚上，公共汽车停运，商店早已关门，街上冷冷清清。中国人习惯早起上公园打太极拳，然后到单位开始一天的工作。那时的单位是个小社会：公共浴室、诊所、公用电话、周末免费电影，一应俱全。单位还要为人们的住房、结婚、学习、出国等事情操心。

然而，这里很多有意思的事情吸引了我：早晨，红灯亮时，成百辆自行车停在线外；绿灯一亮，几百辆自行车又一同启动。不管走到哪儿，人们都热情、友好地打招呼："吃了吗？""您上哪儿？"送别客人，他们总是送到家门外很远的地方，还忘不了说一声："您慢走！""常来啊！"我也逐渐知道了怎样在一大排同样型号的自行车里找到我的那辆，学会了从棉大衣和白口罩的包裹里认出熟悉的朋友。

1989 年，我为了写一本有关中国的小说再次来到中国。这次，我停留的时间比较长。我发现，周围的一切在悄悄地改变：改革开放给中国人带来了观念的更新和生活上的变化。我听到许多新鲜的词汇：BP 机、上网、分期付款、无铅汽油，等等；而分配、票证、铁饭碗等词正慢慢地从人们嘴边消失。

生活在变，时尚也在不断更新。以前普通百姓还没有手表，他们借着问时间和外国人交朋友，而我也曾用这个办法学中文。现在

连手机都不再时髦，有汽车才是最气派的事呢。年轻人结婚喜欢外出旅游，国内还不够远，许多人飞往东南亚，甚至欧洲。锻炼身体不再限于上公园，游泳馆、健身房，随你挑选。

中国人的生活变得越来越好，他们的梦想也在不断地改变着：80年代大家渴望进个国营单位，那意味着端上了铁饭碗；90年代青年们热衷于念英语，盼着到国外去发展；而今，中国人想到外国走一走，了解世界，但最终还是回到中国，生活在自己的国土上。我想，中国的改革开放达到了预期的目的。

（根据加拿大作家 Lisa Carducci 的《我生活中的中国》改写）

dǔ	yù	zhěn	miǎn	qǐ	zhào	guǒ	máo	ōu	zhōng
睹	浴	诊	免	启	罩	裹	髦	欧	衷

生　词　NEW WORDS

亲身	qīn shēn	personal; firsthand
经历	jīng lì	experience
酒吧	jiǔ bā	bar
剧场	jù chǎng	theatre
公共	gōng gòng	public
冷冷清清	lěng lěng qīng qīng	desolate; deserted
太极拳	tài jí quán	*taijiquan*, a kind of traditional chinese shadow-boxing
单位	dān wèi	work unit
浴室	yù shì	bathroom; shower room
诊所	zhěn suǒ	clinic
免费	miǎn fèi	free of charge
一应俱全	yì yīng jù quán	everything needed is there
操心	cāo xīn	worry about; trouble about
型号	xíng hào	model; type
包裹	bāo guǒ	wrap; bind up
更新	gēng xīn	renew; replace
上网	shàng wǎng	go online
分期付款	fēn qī fù kuǎn	payment by instalments
无铅汽油	wú qiān qì yóu	leadless gas
分配	fēn pèi	distribute; allot; assign
铁饭碗	tiě fàn wǎn	a secure job
时尚	shí shàng	fashion; fad
手表	shǒu biǎo	wrist watch
手机	shǒu jī	mobile phone
时髦	shí máo	fashionable; stylish
气派	qì pài	manner; style; arrogant
限于	xiàn yú	be limited to
梦想	mèng xiǎng	dream of
国营	guó yíng	state-operated
热衷	rè zhōng	hanker after; crave
预期	yù qī	expect; anticipate; desired

词语例解

先后 副词

表示一段时间内动作或事件发生的顺序 (successively; one after another)。例如：

我先后几次来中国参观、学习、工作。

去年他先后到过昆明、桂林和杭州。

会上先后有三个人发言。

*“先后”只用于时间，“前后”既可以用于时间，也可以用于空间。

他前后给我写过十几封信。

房子前后都是草地。

教室里，前前后后都坐满了人。

认出

recognize; know; make out; identify。例如：

我学会了从棉大衣和白口罩的包裹里认出熟悉的朋友。

孩子已经能从许多汽车中认出自己家的那一辆。

*“认出”可以说“认得出”，“认得出”的否定说法是“认不出（来)”。

看看我上小学时候的照片，你能认得出哪个是我吗？

这是你女儿吗？一年不见，都认不出来了。

都穿着白大褂，也认不出哪个是大夫，哪个是护士。

再次 副词

又一次 (once more; once again) 例如：

我为了写一本小说再次来到中国。

请允许我再次向你们表示感谢！

不要让这样的事情再次发生。

*“再次”用在“首先”“其次”的后面，表示“第三”。

不再

表示动作不重复或不继续，状态消失不出现(no more)。例如：

锻炼身体不再限于上公园。

现在手机也已经不再时髦。

他自从得了气管炎，就不再吸烟了。

打

“打”是一个多义词，有许多习惯用法，如“打招呼(greet sb.; say hello to sb.)”“打电话(telephone)”“打毛衣(knit; weave)”“打手势(gesticulate)”“打太极拳(do shadow-boxing)”等。例如：

不管走到哪儿，人们都热情友好地打招呼。

别忘了给我打电话。

我妈妈打的毛衣可好看了。

他站在马路那边给我打手势。

中国人习惯早起上公园打太极拳。

练　习

一　熟读课文，回答问题。

1. “我”为什么能看到中国的变化？
2. 在“我”的眼里，80年代的中国是什么样的？
3. 在中国，哪些有意思的事吸引了“我”？
4. 这十几年里，“我”感受到了哪些变化？
5. 在“我”看来，中国发生变化的根本原因是什么？

二　辨形，注音，组词。

欲（　　）______		珍（　　）______		衷（　　）______			
浴（　　）______		诊（　　）______		裹（　　）______			

三　从课文中找出下列词语相反的说法。

大多数　　热热闹闹　　收费　　陌生　　落后　　开始

四　把括号里的词语放在句中合适的地方。

1. 去年，A小李B给我C来过三封信。(先后)
2. A安妮B习惯了C早起早睡。(逐渐)
3. 为了A弄清楚那个问题，B他C拜访了吴教授。(再次)
4. A那些孩子没见过B电脑，C没看过电视。(甚至)
5. 自从A接到儿子的电话后，B母亲不C担心了。(再)

五　把下面的句子译成英文。

1. 那里只有极少数房间亮着灯。
2. 商店里吃的、穿的、用的，一应俱全。
3. 我发现，周围的一切都在悄悄地发生变化。
4. 他们的梦想也在不断地改变着。
5. 中国的改革开放达到了预期的目的。

11 说“老”

B：哎呀！老玛丽！是你啊！我们有五年没见了吧？

A：是啊！五年了，你一点儿都没变，还是原来的样子。哎，你刚才叫我什么来着？

B：我叫你“老玛丽”啊！

A：老玛丽？五年没见，我真的显老了吗？

B：哪儿的话！你越来越年轻了！

A：真的吗？谢谢！可你刚才为什么叫我“老玛丽”呢？

B：哦，咱们现在不是在中国吗？中国人称呼比自己大的朋友，不都是在姓前面加上一个“老”字吗？像什么“老张”啊，“老王”啊……叫你“老玛丽”，这不是显得亲热吗？

A：那是你们男人之间的称呼，对姑娘可不能用“老”字。哪个姑娘愿意别人说自己老呢？

B：哎，我可常听中国人说“老姑娘”“老姑娘”的。

A：那是指年龄大但还没有结婚的女士。对年轻姑娘可不能这么叫。对了，这“老姑娘”也是背后说的，当面你可别“老姑娘”“老姑娘”地叫人家。

B：那为什么呢？上次我去我的汉语老师家，老师指着自己的女儿对我说：“这是我的老闺女。”那姑娘挺年轻的，还朝我笑了笑，一点儿也没有不高兴的样子。

A：这是两码事。中国人把自己最小的女儿叫“老闺女”，和年龄大小没关系。

B：噢，是这样。还有一件事我不明白，你说什么是“老外”？

A：这还不明白？你就是“老外”！我也是“老外”，还有汤姆，

还有查理……这么说吧，你不是中国人，中国人就叫你“老外”。

B：为什么叫“老外”呢？我查了好几本字典，都没有这个词。

A：这是年轻人嘴里的新词，字典上当然没有。我想，“老外”就是中国年轻人对外国人的一种既随便、又亲热的称呼。我的一个朋友就很喜欢这个称呼。他在自己的背心上印了“老外”两个字，走在街上，谁见他谁叫他“老外”。

B：你说“老外”是中国人对外国人的称呼，可我也听到过中国人管中国人叫“老外”。有一次，在商店里，有一对年轻人要买录音机，女的嫌男的不懂行情，就说：“这种才是新出的呢，你真老外！”你看，中国人也管中国人叫“老外”。

A：那是说男的外行。外行就是对某一方面的事一点儿也不懂。中国人把外行也叫“老外”。

B：真没想到一个“老”字就这么大的学问！看来我还得加劲儿学习。

A：咱们都得好好儿学，要不，咱们就是外国人加外行，双重“老外”了！

B：对！

mǎ	niáng	líng	guī	mǔ
玛	娘	龄	闺	姆

生　词　NEW WORDS

玛丽	Mǎ lì	*Mary*; an English name
姑娘	gū niang	girl; daughter
闺女	guī nü	girl; maiden; daughter
年龄	nián líng	age
汤姆	Tāng mǔ	*Tom*; an English name
字典	zì diǎn	dictionary
录音机	lù yīn jī	recorder
行情	háng qíng	quotations (on the market)
外行	wài háng	layman; unprofessional

词 语 例 解

显　动词

look; appear; show。例如：

五年没见，我真的显老了吗?

她有50岁吗? 外表一点儿也显不出来。

*“显得”是表现出某种情形的意思(look; seem)。例如：

叫你老玛丽，这不是显得亲热吗?

节日的天安门显得更加美丽。

当面　副词

在面前；面对面(to sb.’s face; in sb.’s presence)。例如：

当面你可别这么叫人家。

这件事应该当面说清楚。

*“当面”也可以说“当着……的面”；“当面”的反义词常用“背后”。

这“老姑娘”也是背后说的，当面可别这么叫人家。

他当着全班同学的面做出了保证。

当着这么多人的面，你可要说实话。

挺　副词

很，十分(rather; very)；多用于口语。例如：

那姑娘挺年轻的。

我觉得这主意挺好。

她们姐俩长得挺像的。

咱们　代词

指代说话人和听话人双方(we, including both speaker and person or persons spoken to)。例如：

咱们现在不是在中国吗?

来，咱们商量一下。

*“咱们”和“我们”有分别：“咱们”包括对方，“我们”一般不包括对方。例如：

让他们先走吧，咱们一块儿走。

咱们三个一组，他们三个是另一组。

双重 形容词

两层；两方面 (double; twofold)。只能用在名词前。例如：

要不，咱们就是外国人加外行，双重“老外”了！

学习和休息，是我这次去南方的双重任务。

练　习

一　辨形，注音，组词。

显	(　　)	______	闺	(　　)	______	玛	(　　)	______
湿	(　　)	______	润	(　　)	______	码	(　　)	______
娘	(　　)	______	姆	(　　)	______	典	(　　)	______
狼	(　　)	______	母	(　　)	______	曲	(　　)	______

二　选择合适的词语填空。

显　显得　当面　当着……的面　外行　老外

1. 和别的同学比起来，她的确（　　）小。
2. 他啊，（　　）说得好听，背后却根本不去做。
3. 对于修电器，小王完全是个（　　）。

4. (　　) 这么多人 (　　)，她 (　　) 有点儿紧张。
5. 你喜欢中国人叫你 (　　) 吗？

三　仿照例句，用加线的词语造句。

1. 中国人称呼比自己大的朋友，<u>不都是</u>在姓前面加上一个“老”字<u>吗</u>？
2. 那姑娘<u>挺</u>年轻的，还朝我笑了笑。
3. 外行就是对某一方面的事<u>一点儿也</u>不懂。
4. <u>谁</u>见他<u>谁</u>叫他老外。
5. <u>看来</u>我还得加劲儿学习。

四　总结一下，课文中的“老”有几种解释；想一想，下面词中的“老”应作何解释，用线把右边合适的解释与左边的词连起来。

老房子	一种北方小吃
老大爷	很久以前就存在的
老牌子	男性朋友或熟人相互间尊称
老儿子	排行在最后的
老朋友	原来的
老兄	年岁大
老豆腐	在某地方住了很久而对它非常了解
老同学	陈旧的
老北京	时间长，质量好，受人信任的

五　分角色朗读课文。

12 反义词

反义词就是意义相反或相对的词。恰当地使用反义词，常常能增强语言的表达效果。相传宋代文学家苏轼有一次从海南岛回来，朋友问那里的风俗人情怎么样，他说："风俗极善，人情不恶。"苏轼回答得非常简练，但给人的印象却很深刻，就是因为用了"善"与"恶"这对反义词，形成了对比的缘故。其实，在汉语里，像这种有相反意义的词很多。如"真"与"假"，"新"与"旧"，"厚"与"薄"，"深"与"浅"，"冷"与"热"，"方"与"圆"，"上"与"下"，"前"与"后"，"左"与"右"，等等。还有一些词的词义不是相反的，而是相对的，也是反义词。如"是"与"非"，"死"与"活"，"男"与"女"，"古"与"今"，"黑"与"白"，等等。

汉语里有不少双音词是由两个反义词构成的。如"出没""先后""冷暖""多少""大小""是非""早晚""左右""动静""夫妇""上下""反正""来回""高低""东西""前后""来往"，等等。成语里也常常含有反义词。如"半信半疑""东张西望""扶老携幼""高低不平""生死与共""死去活来""有始无终""左思右想"，等等。这些成语，都含有两个鲜明对比的方面，表现力强而又生动活泼。

反义词可以表现事物相反或相对的情况，但并不是所有相反或相对的事物都一定要用反义词来表现。据说南方不少地方忌讳说"死"字，人死了就说"人不在了"。宋朝时，有个南方人到首都开封，拜见一个大官，守门人说："老爷不在。"这位客人听说老爷不在了，马上哭了起来。守门人知道他误会了，说："老爷上

朝未回。”客人一听，就板起面孔，教训守门人，说：“你真不会说话啊，在我们家乡，人死了才叫不在。你家老爷活得好好儿的，怎么能说不在呢？”守门人听着听着，脸就拉长了，大声叫嚷道：“你乐生怕死，我们老爷可不怕死。”这个客人听到个“死”字，吓得捂着耳朵跑开了。这里，“生”与“死”，“活”与“死”都是反义词，“生”与“不在”表示的意思虽然正好相反，但不能说“不在”是“生”的反义词。因为“不在”不是一个词，而是一个词组。

汉语里的词常常有几个意思，所以一个词也可能有好几个反义词，如“老”就有“少”“小”“幼”“嫩”“新”几个反义词，其中“少”“小”“幼”是同义词。“早”也有“迟”“晚”两个反义词。反过来说，由于许多词常常在某一意义上是相同的，所以几个词也可能只有一个反义词。

shì huì yòu
轼讳幼

生 词 NEW WORDS

反义词	fǎn yì cí	antonym	事物	shì wù	thing; object
意义	yì yì	meaning; significance	忌讳	jì huì	violate a taboo; break a taboo/a-void as harmful; abstain from
恰当	qià dàng	appropriate; proper			
相反	xiāng fǎn	opposite;contrary; adverse			
苏轼	Sū Shì	a writer of Song Dynasty	板	bǎn	put on a stern expression
人情	rén qíng	human feelings; human relationship	守门人	shǒu mén rén	door-keeper
简练	jiǎn liàn	terse;succinct; pithy	老爷	lǎo ye	master; bureaucrat
对比	duì bǐ	contrast; balance/ratio	上朝	shàng cháo	go to royal court
缘故	yuán gù	cause; reason	误会	wù huì	misunderstand; misunderstanding
双音词	shuāng yīn cí	disyllable; disylla-bic word			

词语例解

意义 名词

1. 意思(meaning;sense)。例如：

　　反义词就是意义相反或相对的词。

　　在某种意义上说，这个实验没有成功。

2. 价值；作用(significance; importance)。例如：

　　这是一部有教育意义的影片。

　　我就是去了，恐怕也不会有什么意义。

恰当 形容词

合适；妥当(appropriate; proper)。例如：

　　恰当地使用反义词，常常能增强语言的表达效果。

　　他处理事情总是很恰当。

相反 形容词

表示互相对立或互相排斥(opposite; contrary; adverse)。例如：

　　其实，在汉语里，像这种有相反意义的词很多。

　　他向相反的方向走去。

　　关于这个问题，他的意见与大家相反。

缘故 名词

原因(cause; reason)。例如：

　　就是因为用了“善”与“恶”这对反义词，形成了对比的缘故。

　　他到这时还没来，不知是什么缘故。

对比

1. 动词。两种事物相对比较(contrast; balance)。例如：

这些成语，都含有两个鲜明对比的方面，表现力强而又生动活泼。

如果把他们两个对比一下，我看还是小明更聪明。

2. 名词。比例 (ratio)。例如：

双方人数对比是一比二。

练　习

一　熟读课文，回答下列问题。

1. 什么是反义词？
2. 苏轼对海南岛的风俗人情是怎样概括的？
3. 苏轼的概括为什么能给人很深的印象？
4. 为什么说“不在”不是“生”的反义词？
5. “老”的反义词有哪些？

二　用线把下列相对应的反义词连起来。

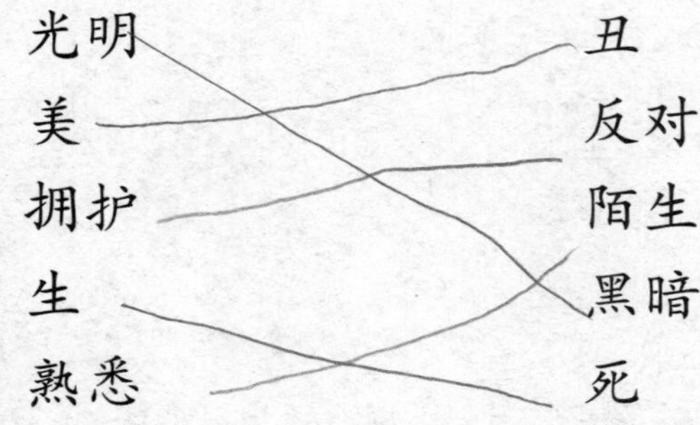

光明	丑
美	反对
拥护	陌生
生	黑暗
熟悉	死

三　从课文中找出下列词语的反义词。

左边　　　　真

冷　　　　　新

善　　　　　　　　　　　　是

多数　　　　　　　　　　　厚

四　选择合适的词语填空。

意义　相反　恰当　板　对比

1. 我们的目的是为了加强团结，而不是（　　）。
2. 她总是（　　）着脸，显得很不高兴。
3. 这个词的（　　）我还不大懂。
4. 把现在跟20年前（　　）一下，你就可以看出中国发生了多么大的变化。
5. 这篇文章里有些词用得不（　　）。

五　阅读下面的短文，找出文中的反义词。

王安石是宋代杰出的政治家、文学家，他有个弟弟叫王安国，也在朝廷做官。一天，王安石上朝回来，看见弟弟早到家了，正坐着喝茶呢。王安石就说："你倒自在啊。来，我出个谜语给你猜吧。你要是猜不着，就请把你刚泡好的茶给我喝。"弟弟笑着答应了。王安石见弟弟笑着点了点头，便说："画时圆，写时方，冬时短，夏时长。打一个字。"王安国略一思索，笑笑说："东海有条鱼，无头又无尾，抽掉脊梁骨，就是这个谜。"王安石知道弟弟猜对了，哈哈一笑，说："看来我想喝茶，只好自己去泡了。"

13 什么都“吃”

A：咱们今天说段相声。

B：说什么？

A：咱们就说说“吃”。

B：嗨，就这个啊！

A：你可别小看这个“吃”，它可不简单。中国人能吃，会吃，讲究吃，还什么都吃。

B：这不假。天上飞的，地上走的，水里游的，中国人都能做成美味佳肴。除了——不能吃的。

A：有些东西只有中国人吃，外国人就吃不了。

B：什么东西？

A：比如说，书本，外国人能吃吗？

B：不吃。可中国人也不能吃啊。

A：你听着：“啃书本儿”，这是吃吧？

B：那还能“嚼”呢：“咬文嚼字”，也是吃啊！还能吃什么？

A：吃苦、吃惊、吃亏、吃官司。

B：你举的例子不是比喻义，就是引申义，来点儿具体的。你总不能吃人吧？

A：怎么不能？“吃父母”，听说过吧？就像你，工作都一年多了，一个子儿也不往家里交，这不是吃父母是什么？

B：没那事儿。

A：开个玩笑。还有，“吃大碗”“吃食堂”“吃北京饭店”“吃山吃水”，还吃……

B：等等，吃山？你嘴有多大？

A：“靠山吃山，靠水吃水”嘛。

B：你倒说清楚了啊。这都是口语里的一些习惯用法，实际上省略了一些东西。

A：怎么样，是不是什么都能吃？

B：还真是。让你这么一说，我也对这个“吃”字感兴趣了。

A：那咱们接着说？

B：试试。

A：海参？

B：吃！那玩意儿好吃。

A：臭豆腐？

B：吃！闻着臭，吃着香。

A：软？

B：吃软？

A：硬？

B：嗯……对，“吃软不吃硬”。

A：接着吃。“吃醋”“吃眼前亏”“吃你一拳”“吃我一脚”……

B：不吃不吃，吃不消，吃不消。

yáo	kěn	jiáo	kuī	chòu	fǔ	cù
肴	啃	嚼	亏	臭	腐	醋

生 词 NEW WORDS

相声	xiàng sheng	comic dialogue
咬文嚼字	yǎo wén jiáo zì	pay excessive attention to wording
吃苦	chī kǔ	bear hardships
吃亏	chī kuī	suffer losses; get the worst of it
官司	guān si	lawsuit
引申	yǐn shēn	extend(the meaning of a word)
玩笑	wán xiào	joke; jest
食堂	shí táng	dining room
海参	hǎi shēn	sea cucumber
玩意儿	wán yìr	plaything; thing
臭豆腐	chòu dòu fu	strong-smelling preserved bean curd
吃软不吃硬	chī ruǎn bù chī yìng	be open to persuasion but not to coercion
吃醋	chī cù	be jealous
吃不消	chī bu xiāo	be unable to stand

词语例解

吃 动词

1. eat; take。例如：

   吃个苹果吧！

   晚上别忘了吃药。

2. have one's meals (at; by; with)。例如：

   我中午一般在学校吃食堂。

   他平常都是吃大碗。

3. 以……为生 (live on)。例如：

   靠山吃山，靠水吃水。

   大学毕业了还吃父母呢。

4. 接受，承受 (suffer; incur; be able to stand)。例如：

   他这个人是吃软不吃硬。

   我真有点儿吃不消了。

就 副词

1. 表示范围 (only; merely)。例如：

   嗨，就这个啊！

   快来，就等你一个人了。

   就这一本了，看完马上还给我。

2. 表示紧接着 (right now)。例如：

   他马上就来，你等一会儿吧。

   节目就要开始了。

3. 表示关联，承接 (then)。例如：

   有些东西只有中国人吃，外国人就吃不了。

   夏天这里可以游泳，天凉了就不行了。

交 动词

1. hand over; pay。例如：

   工作都一年多了，一个子儿也不往家交。

   交费在那边。

2. associate with。例如：

   我们交个朋友吧！

了

1. 动词，读liǎo。完毕，结束(end; finish; settle)。可带“了(le)”。例如：

   这件事已经了啦。

   这才了了一件心事。

2. 用在动词＋“得/不”后边，读liǎo，表示可能(be able to ; be unable to)。

   例如：

   有些东西只有中国人吃，外国人就吃不了。

   我们一定赢得了他们。

   你跑不了啦！

来 动词

1. 用在另一个动词前，表示要做某件事。例如：

   我来说两句。

   大家一起来解决这个问题。

   咱们就来说说“吃”。

2. 用在名词前，代替某个动作。名词前一般要有数量词。例如：

   你举的例子不是比喻义，就是引申义，来点儿具体的。

   请给我们来两瓶啤酒。

   唱得真好，再来一段儿！

练　习

一　读一读，记一记。

亏——考——巧　　　　肴——有

肯——啃——哨　　　　臭——哭

醋——配——酷　　　　府——腐

二　表示嘴的动作的词往往带“口”字边，比如这一课里的“吃”“啃”“咬”“嚼”。举出另外一些例子，并组成词。看谁举得多。

三　用括号里的词语完成句子。

1. 你别小看这几个年轻人，______________。（可）
2. 导游安排的许多地方我都去了，______________。（除了）
3. 这都是从别人那里听来的，______________。（实际上）
4. 他先给客人倒杯茶，______________。（接着）
5. 本来想省事，这么一来，______________。（倒）

四　给画线的词选择合适的义项。

1. 小李，这篇课文你来念一遍。（　　）
2. 肉菜够多的了，来点儿素的吧！（　　）
   （A. 要做某事　　B. 代替一个具体动作）
3. 我们得赶快把这件事了了。（　　）
4. 这么多菜，真吃不了了。（　　）
   （A. 结束　　B. 可能）
5. 大家的作业都交了，就差他一个人了。（　　）

6. 今天还可以去，明天恐怕就不行了。（　　）
（A. 表示承接　　B. 表示范围）

五　以“吃醋”“吃得开”为话题进行对话。

(1) 吃醋

A：“吃醋”，只有在男女关系上有忌妒情绪时，才用“吃醋”吗？别的时候也可以用吗？

B：当然可以。例如，妈妈给妹妹买了一件新衣服……

A：于是姐姐就吃醋了。那比如……

B：对。不过，“吃醋”多指男女关系……

(2) 吃得开

A：“吃得开”就是受欢迎、行得通，那么，现在英语很受欢迎，能不能说英语很吃得开呢？

B：可以。我们还常说：你那一套方法现在可吃不开了……

A：那么，你在家里吃得开吃不开呢？

B：这要看怎么说了……

14 汉语中的比喻

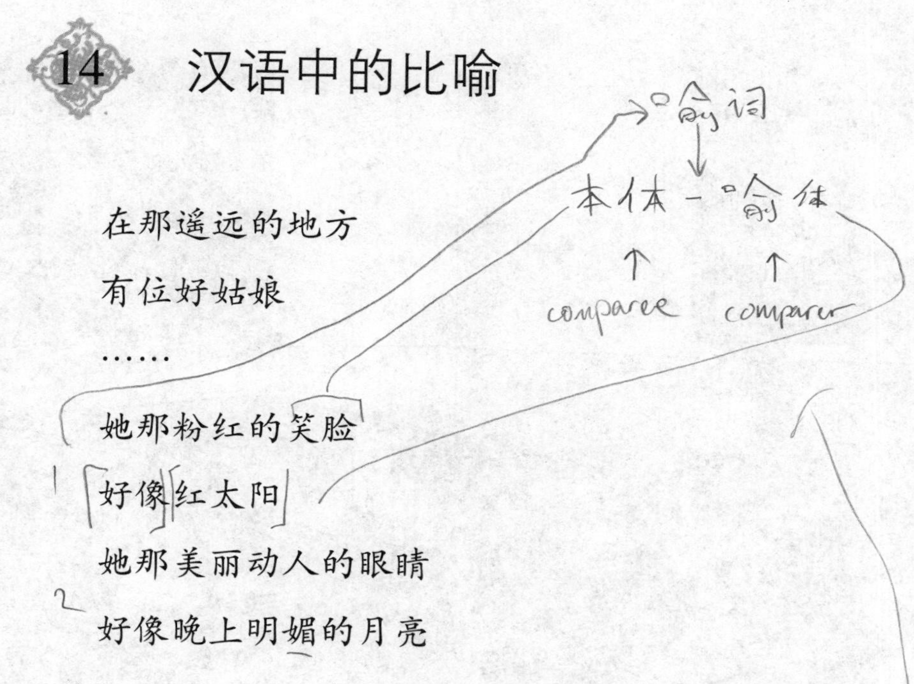

在那遥远的地方

有位好姑娘

……

她那粉红的笑脸

好像红太阳

她那美丽动人的眼睛

好像晚上明媚的月亮

……

这是一首有名的民歌。它用红太阳比喻粉红的笑脸，用明媚的月亮比喻眼睛，使语言生动、活泼、形象。

古人很早就善于运用比喻了。有这样一个小故事。晋代名相谢安和侄子、侄女聊天，忽然指着窗外飞舞的雪花问：“大雪纷纷何所似？”侄子谢朗回答：“撒盐空中差可拟。”侄女谢道韫则回答：“未若柳絮因风起。”谢安听了不禁叫好。用柳絮随风起舞比喻飞雪，比用空中撒盐比喻飞雪，显得更为贴切恰当。

好的比喻来自对生活的深入观察和深刻思考。人们往往根据甲乙两类不同事物的相似点，用乙事物来比甲事物。比如形容人瘦，就说“瘦得像豆芽菜”；描绘人生气，就用“眼睛瞪得像铜铃”；用花作比的时候最多：“儿童是祖国的花朵”，“科普作品——智慧的花朵”，“比喻——语言艺术之花”，让人想象出这些被比喻对象的美丽和可爱。

作家是语言艺术大师，他们通过丰富的想象，创造了一个个生动形象的比喻。把地球比做母亲，把希望比做灯光，把荷花的清

香比做“远处高楼上渺茫的歌声”，把海面上的晚霞说成是“燃烧着”的火焰……使这些事物变得充满诗意，能引起人的联想。

由于比喻的大量使用，许多比喻已经定型化，并带有一定的色彩。比如用蜜蜂采蜜比喻人们辛勤劳动，用千里马比喻优秀人才，把听了叫人恶心的话说成“像吃了苍蝇一样”。也正是这种定型化，使得汉语中出现了许多用比喻造成的词语。如“笔直”，是说像笔一样直；“雪白”，是形容像雪一样白；“火热”，是说像火一样热。此外，还有“飞快”“云集”，等等。很多成语也是用比喻的形式造出来的，如“星罗棋布”“狼吞虎咽”“门庭若市”“鼠目寸光”，等等。

说了那么多比喻，你说话、写文章的时候，也不妨试着用一用。

nǐ xù fáng

拟絮妨

生 词 NEW WORDS

明媚	míng mèi	bright and beautiful
运用	yùn yòng	apply; put to use
未若	wèi ruò	had better; would rather
柳絮	liǔ xù	(willow) catkin
贴切	tiē qiè	(of words) appropriate; suitable
相似点	xiāng sì diǎn	point of likeness or similarity
豆芽菜	dòu yá cài	bean sprouts
清香	qīng xiāng	delicate fragrance; faint scent
渺茫	miǎo máng	distant and indistinct; vague
晚霞	wǎn xiá	sunset glow; sunset clouds
诗意	shī yì	poetic quality or flavour
联想	lián xiǎng	connect in the mind; associate
定型	dìng xíng	fall into a pattern; finalize the design
辛勤	xīn qín	industrious; hard-working

恶心	ě xin	feel sick; feel like vomiting
笔直	bǐ zhí	perfectly straight; very erect
火热	huǒ rè	burning hot; fervent
云集	yún jí	gather; come together in crowds
星罗棋布	xīng luó qí bù	scattered all over like stars in the sky or men on a chessboard
狼吞虎咽	láng tūn hǔ yàn	wolf down; gobble up
门庭若市	mén tíng ruò shì	the courtyard is as crowded as a marketplace
鼠目寸光	shǔ mù cùn guāng	a mouse can see only an inch; be shortsighted
不妨	bù fáng	might as well; there is no harm in

词语例解

化

后缀，加在其他成分的后面，构成动词(-ize; -ify)，表示转变成某种性质或状态。

1. 名／形／动＋化，构成不及物动词。例如：

   许多比喻已经定型化。

   中国正在实现现代化。

2. 形容词＋化，构成及物动词。例如：

   植树造林，美化家园。

   我国已经简化了一批汉字。

比

1. 动词。比方(compare)。例如：

   根据甲乙两类不同事物的相似点，用乙事物比甲事物。

   把地球比母亲。

2. 动词。比照(contrast)。例如：

   用花作比的时候最多。

3. 介词。用于比较性状和程度(than)。例如：

   用柳絮随风起舞比喻飞雪，比用空中撒盐比喻飞雪，显得更贴切恰当。

   你的成绩比我好。

差

1. 副词。勉强，稍微(a bit; slightly)。例如：

   撒盐空中差可拟。

2. 形容词。不好(not good)。例如：

   他的考试成绩很差。

问

1. 动词。有问题请人解答(ask)。例如：

    谢安忽然指着窗外飞舞的雪花问。

    我问老师一个问题。

2. 介词。向(to; from)。例如：

    问小王借本《唐诗选》。

出

1. 动词。与“进”相对(go)。例如：

    他出国了。

    出出进进的，干什么啊？

2. 趋向动词。例如：

    让人想象出这些被比喻对象的美丽和可爱。

    我看出了他的心事。

3. 量词。例如：

    这出京戏很好。

练　习

一　熟读课文，回答下列问题。

1. 课文开头引用的民歌，有哪些比喻？
2. 谢道韫的比喻比谢朗的比喻好在哪里？
3. 什么叫比喻？
4. 从课文中找出三个定型化的比喻。

二　辨形，注音，组词。

{姑（　　）______　　{娘（　　）______
{故（　　）______　　{狼（　　）______

{阳（　　）______　　{像（　　）______
{杨（　　）______　　{象（　　）______

{运（　　）______　　{粉（　　）______
{连（　　）______　　{份（　　）______

三　选择合适的词语填空。

差　　出　　问　　比　　化

1. 他到了北京市中心，不断地______路。
2. 这位老师在课堂上常常提______。
3. 昨天晚上，我看了极为精彩的一______戏。
4. 我刚______教室，就看见了他。
5. 现在成绩______一点儿，将来一定能赶上。
6. 我可______多了，没有你那么好。
7. 绿______祖国
8. 努力实现四个现代______
9. 我们______赛，看谁的成绩好。

四　查词典，说出下列成语的意思。

星罗棋布　　狼吞虎咽　　门庭若市　　鼠目寸光

五　朗读下边的文字。

书，这是一代人对另一代人精神上的遗言，这是将死的老人对刚刚开始的青年人的忠告，这是准备去休息的哨兵向前来接替他岗位的哨兵的命令。

书籍是全世界的营养品，生活里没有书籍，就好像没有阳光；智慧里没有书籍，就好像鸟儿没有翅膀。

书籍是人类进步的阶梯。

书籍是青年人不可分离的生命伴侣和导师。

似乎每一本书都在我面前打开一扇窗户，让我看到一个不可思议的新世界。

15 标点符号趣谈

我们知道，说话的时候，有各种语气，说到一定的地方，还要停一停。写成书面语的时候，怎样表示不同的语气和停顿呢？这就要靠标点符号。

书面语言离不开标点符号。如果不用或用错了，句子的意思就不清楚，有时候还会弄错。在这方面，流传着不少故事。有个人到朋友家做客，快到吃饭的时候，天忽然下起雨来。他就拿起笔在纸上写了五个字：“下雨天留客”，意思是我本来不想在这儿吃饭，可是下雨了，这是天有意留我。主人看了，想跟客人开个玩笑，就接下去写了五个字：“天留人不留”，意思是，虽然天下雨，要留客人，可我这个主人不留。由于他们都没有用标点符号，这十个字连在一起了。客人想了想，给这十个字加了两个逗号，一个问号，一个感叹号，变成了：“下雨天，留客天，留人不？留！”看完，主人和客人都哈哈大笑起来。

常用的标点符号，除了“，（逗号）”“。（句号）”“？（问号）”“！（感叹号）”以外，还有“、（顿号）”“；（分号）”“：（冒号）”““”（引号）”“（ ）（括号）”“……（省略号）”，等等。别小看这些标点符号，它们的用处可大呢。请看下面的例子：

下雨了。下雨了？下雨了！

他来了。他来了？他来了！

同样的词语，同样的排列，只是标点不同，语气就变了，意思也就全不一样了。

中国唐代诗人杜牧写过一首七言绝句《清明》：“清明时节雨纷纷，路上行人欲断魂。借问酒家何处有？牧童遥指杏花村。”有

人将这首诗加上一些标点符号，竟改编成了一出短剧：

（清明时节。雨纷纷。路上。）

行人：（欲断魂）借问酒家何处有？

牧童：（遥指）杏花村。

还是原诗的字，但加上了标点符号以后，就变成有时间、地点、环境、人物、动作、对话、语气的戏剧片段了。真是奇妙！

标点符号有时也用来表情达意。法国大作家雨果与出版社的一次通信被世人传为佳话。雨果的《悲惨世界》写成之后，稿子寄给了出版社，很久不见回音。于是他写了封信去问，信中一个字也没有，只有一个问号。不久，出版社的回信来了，信中也只有一个标点符号——感叹号，意思是：“大作棒极了！”这恐怕是世界上最短的信了吧？

生　词　NEW WORDS

标点	biāo diǎn	punctuation
书面	shū miàn	written; in written form
语气	yǔ qì	tone; manner of speaking
停顿	tíng dùn	stop; pause
有意	yǒu yì	have a mind to; be inclined to
改编	gǎi biān	adapt; rearrange
戏剧	xì jù	drama
片段	piàn duàn	fragment
清明	qīng míng	*Qingming*, Pure Brightness (5th solar term)
牧童	mù tóng	shepherd boy; buffalo boy
佳话	jiā huà	a deed praised far and wide; a story on everybody's lips; a much-told tale
回音	huí yīn	reply

词 语 例 解

一定

1. 副词。表示坚决或确定；必定(surely; necessarily; must)。例如：

   你一定要努力学习。

   这么久了还不回来，一定是迷路了。

2. 形容词。特定的；相当的(certain; proper; fair)。例如：

   说到一定的地方，还要停一停。

   他的汉语达到了一定的水平。

   小王的病情有了一定程度的好转。

靠 动词

1. lean against; lean on。 例如：

   他靠在门上，一声不响。

   就把自行车靠在墙上吧！

2. 依靠(depend on; rely on)。例如：

   这就要靠标点符号。

   学习全靠自己的努力。

   他们一家靠种地生活。

留 动词

1. 不离开(remain; stay)；不让离开(ask sb. to stay; keep sb. where he is)。例如：

   毕业以后，他就留在母校教书了。

   你们都去吧，我留下看家。

   下雨天，留客天，留人不？留！

   大李一定要留我们吃晚饭。

2. 留下(leave)。例如：

给她留个条儿吧。

祖先给我们留下了很多宝贵的东西。

开玩笑

joke; crack a joke; make fun of。可以说"开……的玩笑""跟……开个玩笑"。例如：

主人看了，想跟客人开个玩笑。

这可不是开玩笑的事。

同学们开老师的玩笑，把她的眼镜给藏起来了。

请 动词

1. 请求(ask; request)。例如：

这么多东西，只好请人帮忙了。

请你帮我想想办法。

2. 邀请(invite)。例如：

请了他几次，他就是不肯来。

你再去请请他，也许会来的。

3. 希望别人做某事(please)。例如：

请看下面的例子。

请坐！请安静！请进！

练　　习

一　辨形，注音，组词。

牧（　　）______	竞（　　）______	括（　　）______
收（　　）______	竟（　　）______	刮（　　）______

佳（　　）______　稿（　　）______　版（　　）______
挂（　　）______　搞（　　）______　板（　　）______

二　在横线上写出相应的标点符号。

逗号______　　括号______
句号______　　书名号______
顿号______　　省略号______
分号______　　感叹号______
冒号______　　问号______
引号______　　书名号______

三　说说句中加线的词语的意思，并用它造句。

1. 贵的东西就好，那可不一定。
2. 靠运气，不可能次次成功。
3. 他的父母没给他留什么遗产。
4. 请他明天不要去了。
5. 请他明天来我家吃晚饭。

四　给下面这段话加上标点符号。

我叫许宁（　　）今年13岁（　　）是个女孩子（　　）我正上初二（　　）身高已经1.6米了（　　）许多人见了我都说（　　）这女孩儿好高啊（　　）可我并不满足（　　）我的目标是1.7米（　　）那才棒呢（　　）

五　阅读下面的片段，完成练习。

你会使用“#”吗?

“#”是个外来符号。它是英语“number”的记号，当“数目”“号码”“第几”等解，但必须用在数字之前才具有这个功能。如“#32”，意为“第32号”“32个”等。

1. 回答下面的问题。

(1)“#”代表什么意思?

(2)“#”应该用在数字前还是数字后?

2. 查字典，找出下列词语的解释。

数目　　号码　　功能　　当……解

16 高士其爷爷

中国有位非常有名的科普作家，手不能提笔写字，脚不能走路，嘴巴不能说话，但是他却出版了二十几部科学著作和科学普及读物。他是谁？他就是高士其。

近来每次逛书店，很自然地想到要寻找他的书，比如他为小孩写的科学诗，科学小品，等等。听说最近他还出版了一本叫做《细菌的战术》的书，可惜一直找不到。我猜想，这本书由他写来，一定很通俗，很有故事性，应该十分精彩。因为他这四五十年来成了个全身瘫痪的残疾人，就是给可恶的细菌害的。

高士其　像

高士其二十几岁的时候，在美国留学。有一次他做实验时，一个瓶子爆炸，脑炎病毒溅到他的耳朵上，接着就渗进他的小脑里，把运动神经给破坏了。毕业回国的时候，差不多全身瘫痪。这以后，他一直跟一张活动的躺椅为伴，但他仍然坚持做一些手足的小运动。

那次不幸使高士其脑子里的运动神经受到破坏，但他管思维方面的大脑却是完好的。因此几十年来，他都用一种奇特的方法顽强地坚持写作，脑子所想的，只能用嘴巴哆哆嗦嗦地发出“嗯嗯”的声音，只有几位经常为他作记录的人才能听懂他在说什么。往往一篇几百字的文章，他要几天才能表达得完整。正因为如此，

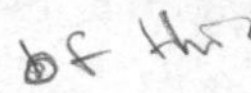

他的文章句句有用，而且生动有趣，几十年来受到广泛欢迎。高士其的绝大部分作品是写给儿童看的，他善于用儿童们熟悉的事物去描写他们不熟悉的科学现象，并善于按照儿童的心理来表达它们。他的《菌儿自传》《时间伯伯》《科学诗》《你们知道我是谁》《我们的土壤妈妈》等作品，展现在孩子面前的，不再是难懂的科学知识，而是土壤妈妈、冬天老人、时间伯伯等生动具体的形象，所以他的作品更是受到儿童们的广泛喜爱。孩子们读过他的诗和有关自然科学的故事，都把他当成偶像，亲切地称他为高士其爷爷。

到了晚年，高士其仍然为全国性的刊物如《儿童时代》等写科学小品。我在《儿童时代》上看到了一幅他的照片，一群少年正围着他访问，叫我看得发呆。谁能设想，一个全身瘫痪的残疾人竟创造了这一番事业，使中国众多的少年儿童受益无穷。

（本文作者张君默，略有改动）

jūn	tān	huàn	duō	suō	jiàn	shèn
菌	瘫	痪	哆	嗦	溅	渗

生　词　NEW WORDS

科普	kē pǔ	science-spreading; popularize science
作家	zuò jiā	writer
读物	dú wù	reading material
小品	xiǎo pǐn	essay; sketch
细菌	xì jūn	germ; bacterium
战术	zhàn shù	tactics
瘫痪	tān huàn	paralysis; palsy
残疾	cán jí	disabled; deformity
病毒	bìng dú	virus
爆炸	bào zhà	explode; blow up
脑炎	nǎo yán	encephalitis; cerebritis
溅	jiàn	splash; spatter
渗	shèn	permeate; seep
神经	shén jīng	nerve
躺椅	tǎng yǐ	deck-chair; sling chair
不幸	bú xìng	misfortune; adversity
奇特	qí tè	peculiar; queer
哆哆嗦嗦	duō duō suō suō	tremble; shiver
描写	miáo xiě	describe; depict
心理	xīn lǐ	psychology; mentality
自传	zì zhuàn	autobiography
土壤	tǔ rǎng	soil
展现	zhǎn xiàn	emerge
偶像	ǒu xiàng	idol
受益无穷	shòu yì wú qióng	benefit from sth. all one's life

词语例解

可惜 形容词

令人惋惜(it is a pity; it is too bad)。例如：

听说他最近还出版了一本叫做《细菌的战术》的书，可惜一直找不到。

昨天没看这个电影，真可惜。

可惜我去晚了一步，他们已经走了。

接着 副词

意思相当于“然后”(then; after that)。例如：

脑炎病毒溅到他的耳朵上，接着就渗进他的小脑里。

早晨起床后，小明先刷牙、洗脸，接着去吃早饭。

接着我们又讨论了明年的计划。

仍然 副词

1. 表示情况持续不变，相当于“还是”(still; yet)。例如：

   到了晚年，高士其仍然为孩子们写科学小品。

   下班以后，老师仍然在考虑教学中的问题。

   这些问题仍然没有解决。

2. 表示恢复原状，相当于“又”(again)。例如：

   他把信看完，仍然装在信封里。

不幸

1. 名词。灾祸(misfortune; adversity)。例如：

   那次不幸使高士其脑子里的运动神经受到破坏。

   高士其瘫痪后，朋友们对他的不幸非常同情。

2. 形容词。使人失望、伤心、痛苦的(unfortunate; sad)。例如：

   高士其在美国突然变成残疾人，这不幸的消息使他的家人

痛苦极了。

去年，这里发生了一件很不幸的事。

3. 形容词。表示不希望发生而竟然发生(unfortunately)。例如：

大伟七岁那年，父亲不幸病死了。

小刚的叔叔不幸遇到车祸。

设想

1. 动词。想象(imagine; conceive)。例如：

谁能设想，一个全身瘫痪的残疾人竟创造了这一番事业。

我们可以设想一下当时的情景。

2. 名词。计划；想法(tentative plan; tentative idea)。例如：

你这个设想非常好。

这些只是我们的初步设想。

练　　习

一　熟读课文，回答问题。

1. 高士其是怎样的一位科普作家？
2. 高士其为什么会变成一个全身瘫痪的残疾人？
3. 几十年来，高士其是在什么样的情况下进行写作的？
4. 孩子们为什么喜爱高士其的作品？

二　辨形，注音，组词。

{ 瘫（　　）______　　{ 渗（　　）______
{ 滩（　　）______　　{ 惨（　　）______

{ 偶（　　）______　　{ 哆（　　）______
{ 遇（　　）______　　{ 多（　　）______

三 给句子中加线的词语选择合适的义项。

1. 商场里<u>仍然</u>像往常一样热闹。（A.表示情况持续不变 B.表示恢复状态）
2. 小明的爷爷去年<u>不幸</u>去世了。（A.灾祸 B.不希望发生而竟然发生）
3. 很难<u>设想</u>，一个缺乏自信的人能创造伟大的事业。（A.想象 B.计划；想法）

四 读读写写，并用加线的词语造句。

著作	普及	<u>寻找</u>	通俗	爆炸	<u>奇特</u>
描写	心理	<u>展现</u>	偶像	<u>亲切</u>	神经

五 根据上下文的意思选择恰当的词语填空。

步尔罗·塔里雅维尼教授在美国纽约的一次语言学家大会上 1 了轰动一时的人物。他在大会上致欢迎辞时 2 使用了五十种语言。他曾经在波恩大学研究语文学，3 懂得十五种语言而获得博士学位。那年他 4 二十二岁。现在他能流利 5 使用欧洲的全部语言和方言。他是怎样学会这么多语言的呢？他说，6 学会这么多语言，仅有一些才能是不够的，7 付出艰苦的劳动。学开始的两三种语言是最困难的，以后，事情 8 进行得比较顺利了。开始他总是先弄懂一种语言的 9 ，然后掌握它的句型结构。最后再学习整套的短语，不断地通过新词的学习 10 练习这些短语。

1. A.当 B.成 C.作为 D.认为
2. A.竟然 B.突然 C.果然 D.既然
3. A.因此 B.然而 C.尽管 D.由于
4. A.曾经 B.以前 C.刚刚 D.刚才
5. A.的 B.得 C.地 D.了
6. A.应该 B.要 C.可以 D.希望
7. A.必须 B.必然 C.一定 D.一直
8. A.还 B.更 C.就 D.也
9. A.特殊 B.特点 C.特别 D.特技
10. A.来 B.上 C.并 D.又

17 几件小事

——记父亲叶圣陶

我今年62岁了，可是拿不好筷子。人家拿筷子，拇指上一只，食指上一只，吃起来，两只筷子平行地向碗里伸去，或扒或拣，灵活方便；我却是拇指、食指和中指合捏一双筷子，想要吃什么，交叉着两只筷子往菜碗里伸。妻子取笑我说："人家吃菜是拣的，你吃菜是叉的。"还跟小孙女讲："不要学你爷爷，你爷爷拿筷子多难看。"我就接着说："是啊，我爸爸妈妈从来没管我怎么拿筷子，我从小就没学会。"

叶圣陶　像

还有一件我无论如何干不好的事，就是写毛笔字。参加什么会议，看到会场门口摆着墨盒、毛笔、签到簿，我心里就担心："又得出一回洋相了。"好不容易毕恭毕敬把名字写上，自己再不敢多看一眼，只好出门不认货，掉头就走。这当然要怪我自己从小没有下工夫练过，不过父亲也从来没有问过我毛笔字写得怎么样。直到后来我学着写散文了，父亲也只管我写得是不是清楚，不管我的字是不是好看。

父亲也有管着我的事，比如让我递给他一支笔，我随手递过去，没想到把笔头交在了父亲手里。父亲就跟我说："递一样东西给人家，要想着人家接到了手方便不方便，一支笔，是不是脱下

笔帽就能写；你把笔头递过去，人家还要把它倒转来，如果没有笔帽，还要弄人家一手墨水。刀子剪子这类东西更是这样，决不可以拿刀口、刀尖对着人家；把人家的手弄破了呢？”直到今天，我递任何东西给别人，总是让人家接起来顺手，报纸书本也让人家接到手里就能看。

冬天，我走出屋子没把门带上，父亲在背后喊：“怕把尾巴夹着了吗？”次数一多，不必再用这么长的句子，父亲只喊：“尾巴，尾巴！”就这样渐渐养成了我冬天进出屋子随手关门的习惯。另外，父亲还告诫我开关房门要想到屋里还有别人，不可以“砰”的一声把门推开，“砰”的一声把门带上，要轻轻地开，轻轻地关。我也从此遵循到现在。

后来我想，父亲不管我的，都只是关系我个人的事。在这方面，父亲很讲民主，给我极大的自由。有时候，他还在我喜爱的事情上帮我一把，比如为我小时候的集邮册题签，给我们兄妹三个修改文章，等等。而父亲管我的，都是涉及我和他人之间的关系的事。在这方面，父亲反反复复地要我懂得，我是生活在人们中间的，在我以外更有他人，要时时处处替他人着想。

在父亲逝世一周年的时候，记下这些小事，也算是对他的怀念吧。

（本文作者叶至诚，略有改动）

mǔ	jiǎn	niē	chā	huò	pēng	xún	shè
拇	拣	捏	叉	货	砰	循	涉

生 词 NEW WORDS

拇指	mǔ zhǐ	thumb
食指	shí zhǐ	index finger; forefinger
平行	píng xíng	parallel; parallel to
中指	zhōng zhǐ	middle finger
捏	niē	hold between the fingers
交叉	jiāo chā	intersect; cross
取笑	qǔ xiào	make fun of; ridicule
孙女	sūn nǚ	granddaughter
会议	huì yì	meeting; conference
墨盒	mò hé	ink box
毛笔	máo bǐ	writing brush
签到簿	qiān dào bù	attendance book
出洋相	chú yáng xiàng	make a spectacle of oneself

毕恭毕敬	bì gōng bì jìng	extremely deferential; respectful
散文	sǎn wén	prose
随手	suí shǒu	conveniently
墨水	mò shuǐ	ink
遵循	zūn xún	follow; abide by
集邮册	jí yóu cè·	stamp-album
题签	tí qiān	inscribe; inscription
修改	xiū gǎi	revise; modify
涉及	shè jí	involve; relate to
他人	tā rén	other people; others
着想	zhuó xiǎng	consider; think about
怀念	huái niàn	cherish the memory of

词语例解

人家 （“家”读轻声）代词

1. 指听话人和说话人以外的人，大致相当于“别人”或“他”“他们”。例如：

   妻子取笑我说：“人家吃菜是拣的，你吃菜是叉的。”

   这两本书，一本是我自己买的，一本是人家送的。

   妈妈对儿子说：“小刚正在做作业呢，人家哪有时间陪你玩。”

2. 指说话人自己，等于“我”，多用于女性。例如：

   你让我给你买衣服，人家买了，你又不穿。

   原来是你啊，差点儿没把人家吓死。

得 (děi) 动词

1. 表示必要(need)。用在动词的前面，相当于“应该、必须”。表示否定用“不必、不用、用不着”等，不能用“不得”。例如：

   要取得好成绩，就得刻苦学习。

   你得走快点儿，要不然咱们就迟到了。

   这事儿我还得考虑考虑。——我看你不必考虑了，就这么办吧！

2. 表示估计必然如此 (be likely to; be sure to)。例如：

   看到会场门口摆着笔墨、签到簿，我心里就担心：“又得出一回洋相了。”

   这么晚才回去，妈妈又得说你了。

顺手 形容词

1. 做事没有遇到阻碍；顺利 (smoothly; without difficulty)。例如：

事情办得相当顺手。

开始实验不很顺手，也是很自然的。

2. 便于使用的 (convenient and easy to use)。例如：

这把刀子使起来还挺顺手的。

这支笔用起来顺手吗？

3. （东西等）便于取、拿的 (convenient and easy to fetch or take)。例如：

直到今天，我递任何东西给别人，总是把顺手的一边交给对方。

这东西连个把儿都没有，拿起来特不顺手。

决 副词

"一定、完全"的意思 (definitely; certainly; under any circumstances)。通常只用在"不、无、没、没有"等否定词前面。例如：

刀子、剪子这类东西更是这样，决不可以拿刀口、刀尖对着人家。

我这样做决没有恶意。

任何 代词

不论什么 (any; whatever)。只能用在名词性成分之前。"任何"用在句首时，后面常有"都"或"也"跟它搭配。例如：

直到今天，我递任何东西给别人，总是让人家接起来顺手。

你没有任何理由不去。

任何国家都有自己的文化艺术。

练　习

一　比较下列各字在读音和字形上的异同。

母——每——拇　　　化——花——货

平——评——砰　　　高——搞——稿

共——恭　　　　　　　叉——叉

盾——循　　　　　　　步——涉

二　把"决"放在下列句子中合适的地方。

1. 遵守学校纪律，不迟到早退。
2. 世上没有这样的事儿。
3. 遇到困难不后退。
4. 做作业认真仔细，不能马马虎虎。

三　用"得"改写下列句子。

1. 这件事应该跟大家商量。
2. 要学会一门技术，就必须刻苦钻研。
3. 这事儿我还要考虑考虑。
4. 天不早了，我该回家了。
5. 字要写清楚，要不然老师又要批评你了。

四　用"不必"完成下列句子。

1. 明天学校放假，＿＿＿＿＿＿＿＿＿＿＿＿。
2. 文章已经很通顺了，＿＿＿＿＿＿＿＿＿＿＿＿。
3. 为这点儿小事苦恼，＿＿＿＿＿＿＿＿＿＿＿＿。
4. 事情已经很清楚，＿＿＿＿＿＿＿＿＿＿＿＿。

五　写一件在家里父母教育你的事，要真实。二三百字左右。

18 我的伯父鲁迅先生

鲁迅像

我的伯父鲁迅先生在世的时候，我年纪还小，根本不知道鲁迅是谁，以为伯父就是伯父，跟任何人的伯父一样。伯父死了，躺在万国殡仪馆的大礼堂里，许多人都来向他告别，有的人甚至失声痛哭。数不清的挽联、花圈围着他，堆满了整间屋子。送挽联、花圈的有学生，有工人，各种各样的人都有。那时候我有点儿惊异了，为什么伯父得到这么多人的爱戴？我呆呆地望着来来往往的人，想到我从此永远见不到伯父的面了，泪珠就一滴一滴地掉下来。

就在伯父逝世的那一年，一个星期六的下午，爸爸妈妈带我到伯父家里去。吃晚饭的时候，伯父跟我谈起《水浒传》里的人物故事。老实说，我读《水浒传》不过囫囵吞枣地读一遍，只注意紧张动人的情节；那些好汉的个性，那些复杂的内容，全搞不清楚，有时候还把一个人做的事情安在另一个人的身上，伯父问我的时候，我就乱说一气。伯父摸着胡子，笑了笑，说：“哈哈！还是我的记性好。”听了伯父这句话，我觉得很不好意思。从此，

我读什么书都不再马马虎虎了。

还有一件事情我至今记忆犹新。

一天傍晚，北风呼呼地刮着，街上的人都匆匆忙忙地赶着回家。爸爸妈妈拉着我的手，到伯父家去。走到离伯父家门口不远的地方，看见一个拉车的坐在地上呻吟。我们走过去，他听见脚步声，抬起头来，脸上现出难以忍受的痛苦。

“怎么了？”爸爸问他。

“先生，”他颤抖着说：“没留心，踩在碎玻璃上，玻璃片扎进脚心了。疼得厉害，回不了家啦！”

爸爸跑到伯父家里去，不一会儿，就和伯父拿了药和纱布出来。他们把那个拉车的扶上车子，一个蹲着，一个半跪着，给他取出碎玻璃片，消毒，又敷上药，扎好绷带。那个拉车的感激地说：“我家离这儿不远，这就可以慢慢地走回去了。两位好心的先生，我真不知道怎么谢你们！”伯父又拿出一些钱来给他，叫他在家里休息几天，把剩下的药和绷带也给了他。我们回伯父家的时候，伯父深深地叹了口气，脸上的神情十分严肃。

伯父就是这样的一个人。他的心里时时关心着普通老百姓的命运。

（本文作者周晔，略有改动）

bìn	hú	lún	shēn	yín	bēng
殡	囫	囵	呻	吟	绷

生　词　NEW WORDS

殡仪馆	bìn yí guǎn	funeral parlor
马马虎虎	mǎ mǎ hū hū	careless(ly); casual(ly)
失声	shī shēng	cry out involuntarily
痛哭	tòng kū	cry bitterly; wail
挽联	wǎn lián	elegiac couplet
花圈	huā quān	wreath
惊异	jīng yì	surprised; amazed
爱戴	ài dài	love and esteem
泪珠	lèi zhū	tear-drop
囫囵吞枣	hú lún tūn zǎo	read without understanding
动人	dòng rén	moving; touching
情节	qíng jié	plot
好汉	hǎo hàn	brave man; hero
个性	gè xìng	individual character; individuality
记性	jì xing	memory
记忆犹新	jì yì yóu xīn	remain fresh in one's memory
呻吟	shēn yín	groan; moan
忍受	rěn shòu	bear; endure
颤抖	chàn dǒu	shake; tremble
扎	zhā	prick; run or stick into
消毒	xiāo dú	disinfect; sterilize
敷	fū	apply
绷带	bēng dài	bandage
感激	gǎn jī	feel grateful; be thankful
普通	pǔ tōng	ordinary; common
命运	mìng yùn	destiny; fate

词 语 例 解

安 动词

1. 安装；设立(install; fix; fit)。例如：

   窗玻璃已经安好了。

   新房已经安上电话了。

2. 放在；加在(lay; place; put in a certain place)。例如：

   有时候还把一个人做的事情安在另一个人身上。

   这事本来是小明做的，你却硬安在我身上。

3. 存着；怀着（某种念头，多指不好的）(harbour; an intention; be up to)。例如：

   你安的什么心？

   我知道他们没安好心。

和

1. 介词。表示相关、比较等(with;the same as)。例如：

   不一会儿，爸爸就和伯父拿了药、纱布出来。

   他和这件事没关系。

   他和我一样高。

2. 连词。表示联合关系(and)。例如：

   把剩下的药和绷带也给了他。

   老师和同学们都赞成这么做。

   在中国，很多孩子都读过高士其的诗和有关自然科学的故事。

严肃 形容词

1. （神情、气氛等）使人感到敬畏的(solemn; grave)。例如：

   伯父脸上的神情十分严肃。

王老师在学生面前非常严肃，从来不随便说笑。

会场的气氛很严肃。

2.（作风、态度等）严格认真(serious; earnest)。例如：

这件事一定要严肃处理。

老师对张华同学的错误进行了严肃的批评。

记忆犹新

成语。对过去的事情还记得很清楚，就像最近发生的一样(remain fresh in one's memory)。例如：

还有一件事情我至今记忆犹新。

这件事虽然过去了20年，但至今我还记忆犹新。

匆匆忙忙

形容词“匆忙”的重叠形式。急急忙忙(hastily; in a hurry)。例如：

街上的行人都匆匆忙忙地赶着回家。

他匆匆忙忙吃了一点儿东西，又回学校去了。

练　习

一　**熟读课文，回答问题。**

1. 伯父去世后，人们是怎样表达对他的爱戴的？
2. 伯父问“我”《水浒传》里的人物故事时，“我”是怎么回答的？为什么？
3. “我”至今记忆犹新的是哪件事？
4. 在“我”的眼里，伯父是怎样的一个人？

二　比较下列各组字在读音和字形上的异同。

申——伸——呻	朋——鹏——绷
今——冷——吟	免——晚——挽
斗——抖——料	兵——宾——殡

三　用括号里的词语改写句子。

1. 学汉语同学任何语言一样，要多听多说。（和）
2. 小刚跟我都是北京人。（和）
3. 我认为这个想法不太合适。（觉得）
4. 这个问题很复杂，一时还不容易给出结论。（难以）

四　找出课文中出现的成语，并各造一个句子。

五　将下边的句子译成英语。

1. 那时候我有点儿惊异了，为什么伯父得到这么多人的爱戴？
2. 听了伯父这句话，我觉得很不好意思。
3. 他的心里时时关心着普通老百姓的命运。
4. 从此，我读什么书都不再马马虎虎了。
5. 我们走到离伯父家门口不远的地方，看见一个拉车的坐在地上呻吟。

19 蔡元培与北大

中国现代教育史上有一位著名的人物蔡元培先生。蔡元培先生为中国教育事业所做的最大贡献，就是对北京大学进行改革。

1917年，蔡元培先生到北京大学担任校长。在此之前，北京大学的学生大多是有钱人家的子弟，他们对读书毫无兴趣，上大学只是为了做官。蔡元培先生来到北大以后，使北大逐渐发生了变化。他第一次在全校大会上演说时，就指出读书是为了研究学问，不是为了做官。他希望北大的学生培养研究学问的兴趣，养成学问家的品格。他还强调人生的目的是为了尽义务，年轻的时候学习是为将来服务社会做准备。

蔡元培　像

蔡元培先生在北大的改革，首先从文科入手。他认为文科的任务是用新思想代替旧思想。他到校不到十天，就聘请陈独秀担任文学院院长，后来又请了李大钊、胡适、钱玄同等人来北大当教授。这批青年教授主张废除文言文，提倡使用白话文，推动了新文化运动的发展，在当时社会上引起了很大的反响。

蔡元培先生的办学方针是“思想自由、兼容并包”。他提倡学术民主，认为不论什么学术观点，只要有道理，就应该允许它存在。他对信仰不同的教师，不分新旧，都允许他们自由讲学。这

样，北大不但聘请了主张革命的陈独秀，主张改良的胡适，还聘请了一些虽然思想保守但学问很好的老先生。

蔡元培先生主张办平民教育。他改革招生制度，把学生考试成绩作为录取的标准，使许多优秀平民子弟走进了北大。此外，他还打开北大校门，让社会上各行各业的人都可以自由地进入北大听课。那时候，很多没有机会上大学而又渴望知识的青年，纷纷来北大听有名的教授讲课。他们当中的有些人，后来竟成了著名的革命家、学者。

蔡元培先生领导的北京大学，逐渐成为中国一个传播新思想、新文化的中心。蔡先生的功劳不可磨灭！

gòng	zhāo	xuán	fèi	yǔn
贡	钊	玄	废	允

生　词　NEW WORDS

史	shǐ	history
贡献	gòng xiàn	contribution
改革	gǎi gé	reform
子弟	zǐ dì	children
毫无	háo wú	without the least
兴趣	xìng qù	interest
做官	zuò guān	be an official
演说	yǎn shuō	speech
指出	zhǐ chū	point out
品格	pǐn gé	character; moral quality
强调	qiáng diào	stress; emphasize
义务	yì wù	duty; obligation
服务	fú wù	give service to
入手	rù shǒu	start with; begin with
聘请	pìn qǐng	engage; invite
院长	yuàn zhǎng	principal of a college
教授	jiào shòu	professor
废除	fèi chú	abolish; abrogate
推动	tuī dòng	push forward; give impetus to
引起	yǐn qǐ	give rise to
反响	fǎn xiǎng	repercussion; echo
办学	bàn xué	run a school
方针	fāng zhēn	policy; guiding principle
兼容并包	jiān róng bìng bāo	incorporate things of diverse nature
学术	xué shù	learning; academic
民主	mín zhǔ	democracy
观点	guān diǎn	point of view; standpoint
信仰	xìn yǎng	faith; belief
允许	yǔn xǔ	permit; allow
革命	gé mìng	revolution
改良	gǎi liáng	reform
保守	bǎo shǒu	conservative
平民	píng mín	the common people
录取	lù qǔ	enroll; recruit
各行各业	gè háng gè yè	all trades and professions
竟	jìng	unexpectedly; actually
学者	xué zhě	scholar; learned man
传播	chuán bō	propagate; spread
功劳	gōng láo	contribution; meritorious service
不可磨灭	bù kě mó miè	indelible

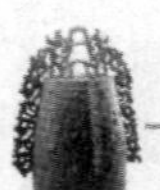

词 语 例 解

贡献

1. 动词。(contribute; dedicate; devote)。例如：

　　这位将军为祖国贡献了自己的一切。

　　贝多芬把自己毕生的精力贡献给了音乐事业。

2. 名词。(contribution)。例如：

　　蔡元培先生为中国教育事业所做的最大贡献，就是对北京大学进行改革。

　　他们为国家做出了新的贡献。

　　鲁迅为中国的文化事业做出了许多重要贡献。

为 介词

1. 引进动作的对象。例如：

　　我在这儿一切都好，不用为我操心。

　　年轻的时候学习是为将来服务社会做准备。

2. 表示原因、目的(for)。可加“了、着”。例如：

　　读书是为了研究学问，不是为了做官。

　　为了培育下一代，我愿意终身从事教育事业。

入手 动词

“着手；开始做”的意思(start with; begin with)，前面常有“从”跟它搭配。例如：

　　蔡元培先生在北大的改革，首先从文科入手。

　　音乐教育应该从儿童时代入手。

保守

1. 动词。保持，使不失去(guard; keep)。例如：

   我们应该为朋友保守秘密。

   国家工作人员有保守国家机密的义务。

2. 形容词。维持原状，不求改进，跟不上形势的发展（多指思想）(conservative)。例如：

   蔡元培还聘请了一些虽然思想保守但学问很好的老先生来北大当教授。

   你这个观点太保守了。

   这个计划定得有些保守。

竟 副词

表示出乎意料(unexpectedly; actually)。例如：

他们当中的有些人，后来竟成了著名的革命家、学者。

都以为他不会答应，谁知他竟痛快地答应了。

练　习

一　熟读课文，回答问题。

1. 蔡元培首次在北大演讲时是怎样教育和鼓励北大学生的？
2. 蔡元培是怎样对北大文科进行改革的？
3. 蔡元培的办学方针是什么？课文里哪些地方体现了这一办学方针？
4. 蔡元培办平民教育的措施有哪些？

二　读读记记，并了解词语的用法。

允——允许　　　　贡——贡献
聘——聘请　　　　品——品格
倡——提倡　　　　旁——旁听
废——废除　　　　演——演说

三　用线把左右两栏中能搭配的词语连接起来。

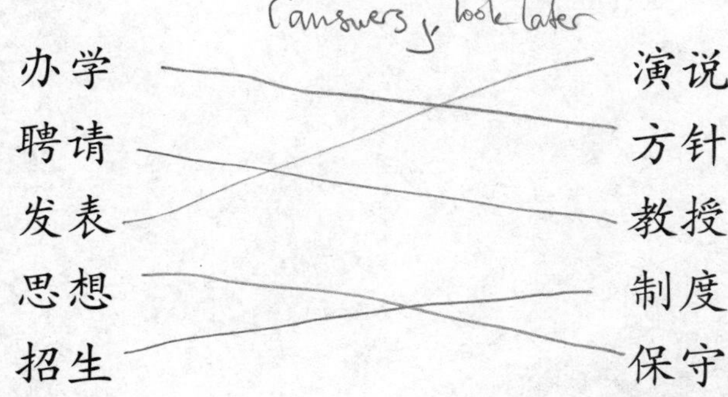

办学	演说
聘请	方针
发表	教授
思想	制度
招生	保守

四　把“竟”放在句子中合适的地方。

1. 找了你半天，没想到在这儿碰上了。
2. 大家都以为他不答应，谁知道他答应了。
3. 雷雨天气，出门怎么忘了带雨伞。
4. 真没想到他敢当面说谎。

五　仔细阅读这段文字，判断下列说法是否正确，并简要说明理由。

　　北京大学从前没有女生。有一次天津有位女生到北大来找人，社会上就传说北大有了女生，有人骂“男女混杂、伤风败俗”。但是蔡先生是支持妇女进入高等学府的。那时，我姐姐正因病失学在家，她很想进北大求学。我就去问蔡校长。

蔡校长问我：“她敢来吗？”我说：“她敢。”蔡校长说：“可以让她来试试。”这样，她就进了北大，成了第一个女生。后来又有两个女生入学，这就开了男女同校的新风尚。

(　　) 1. 从前人们对男女同校是不赞成的。

(　　) 2. 蔡元培先生不主张高等学府招收女生。

(　　) 3. “我”姐姐是北京大学录取的第一个女生。

(　　) 4. 后来有很多女生进入北大学习。

 20 国学大师章太炎趣事

章太炎是清末著名的革命家、思想家和国学大师。他的一生为中国的传统文化事业做出了许多重要贡献，同时也留下不少趣事。

六龄童诗

章太炎出生在一个读书人家庭。1875年初春，章太炎刚满6岁。一天，他的父亲邀请几位好友在家里饮酒做诗。饮酒当中，突然下起了大雨。其中有一位老先生酒兴上来，拉着小太炎，让他即景做一首诗。小太炎稍稍思考了一下，大声念道：

天上雷阵阵，地下雨倾盆；
笼中鸡闭户，室外犬管门。

章太炎 像

听完他那稚嫩的声音，在座的客人都拍手称赞！这位老先生立即叫人拿来纸笔，写下了这首十分珍贵的“六龄童诗”。这首诗现在珍藏于章太炎纪念馆。

考“童子试”

16岁那年，章太炎去参加“童子试”。当时考试的题目是：论灿烂之大清国。考场上安安静静的，一点儿声音也没有。许多考生伏在桌上，苦苦地思考，大写起歌颂清朝政府的文章来。章太炎坐在那里，想起鸦片战争以来，中国人民受尽了外国列强的欺凌；又想到清朝政府对洋人卑躬屈膝，对人民作威作福等。这怎

么能证明大清国“灿烂”呢？于是他拿起笔，把一直压在心里的愤怒尽情地写进了自己的文章，并且呼吁全国人民迅速行动起来，振兴中华民族。不到一个小时，章太炎就第一个交了卷。主考官见他这么快就做完了文章，不由得暗暗称奇。

章太炎刚要离开考场，主考官忽然重重地拍了一下桌子，大声喝道：“慢着，你好大的胆子！你知罪吗？”章太炎不慌不忙，平静地说道：“我写的，都符合当今中国的实情，也都是我的真心话。请问，我有什么罪？”话音刚落，考场里一阵骚乱，考生们开始议论起来。

主考官想驳又驳不倒他，气得脸色发青，又怕事情闹大，可能会连累自己，只好叫人把章太炎赶出考场。章家的仆人看见这种情形，知道闯下了大祸，吓得面如土色，而章太炎却若无其事地离开了考场。

zhì	càn	làn	líng	gōng	xī	yù	sāo
稚	灿	烂	凌	躬	膝	吁	骚

生 词 NEW WORDS

国学	guó xué	traditional Sinology
即景	jí jǐng	impromptu; extemporaneous
笼	lóng	cage
稚嫩	zhì nèn	childish
珍贵	zhēn guì	valuable; precious
珍藏	zhēn cáng	collect; treasure
论	lùn	expound
灿烂	càn làn	magnificent; splendid
考场	kǎo chǎng	examination hall or room
考生	kǎo shēng	candidate for an entrance examination
政府	zhèng fǔ	government
列强	liè qiáng	big powers
欺凌	qī líng	bully and humiliate
卑躬屈膝	bēi gōng qū xī	bow and scrape; act servilely
作威作福	zuò wēi zuò fú	act like a tyrant
证明	zhèng míng	prove; testify
尽情	jìn qíng	as much as one likes
呼吁	hū yù	appeal; call on
迅速	xùn sù	rapidly; swiftly
振兴	zhèn xīng	develop vigorously
暗暗	àn àn	secretly; inwardly
称奇	chēng qí	praise; commend
喝	hè	shout loudly
罪	zuì	guilt; crime
不慌不忙	bù huāng bù máng	unhurried; calm(ly)
符合	fú hé	accord with; conform to
实情	shí qíng	truth; the actual situation
骚乱	sāo luàn	disturbance; riot
驳	bó	refute; contradict
连累	lián lèi	involve; get sb. into trouble
闯祸	chuǎng huò	get into trouble
面如土色	miàn rú tǔ sè	look pale; look ashen
若无其事	ruò wú qí shì	as if nothing had happened

词语例解

其中 代词

那里面（among (which, them, etc.); in (which, it, etc.)）。例如：

其中有一位老先生让小太炎根据眼前的情景做一首诗。

我们班一共有30名同学，其中女同学占了一半。

中国有许多大城市，其中最著名的要数北京。

行动

1. 动词。指为实现某种意图而具体地进行活动(act; take action)。例如：

章太炎写文章呼吁全国人民迅速行动起来，振兴中华民族。

我们已经准备好了，开始行动吧。

我们得按计划行动，不能乱来。

2. 名词。行为；活动(action; operation)。例如：

家长应该给予子女充分的行动自由。

国与国之间的争端不应该靠军事行动解决。

以来 名词

表示从过去某时直到说话时为止的一段时间(since)。例如：

章太炎坐在那里，想起鸦片战争以来中国人民受尽了外国列强的欺凌。

展览会开幕以来，每天要接待几万名观众。

这学期开学以来，我已经三次受到老师的表扬。

怕

1. 动词。害怕(fear; be afraid of)。例如：

任何困难我都不怕。

一个人夜里走路你怕不怕？

2. 动词。担心 (worry; feel anxious)。例如：

主考官怕事情闹大，会连累自己。

我怕他一个人干活太累，所以叫人去帮忙。

小张怕你不知道，要我告诉你一声。

3. 副词。表示估计、推测 (I suppose; perhaps)。例如：

事情怕没这么简单。

这个西瓜怕有七八公斤吧？

只好 副词

表示只能这样，没有别的选择。相当于“不得不”(have to; be forced to)。例如：

主考官只好叫人把章太炎赶出考场。

我不懂法语，只好请他翻译。

明天要下大雨，运动会只好推迟。

练　习

一　注音，组词。

稚（　　）______　　　　膝（　　）______

吁（　　）______　　　　骚（　　）______

符（　　）______　　　　迅（　　）______

灿（　　）______　　　　凌（　　）______

二　给下面句中加线的词语选择合适的义项。

1. 我奶奶特别怕热。（　　）
2. 这条鱼怕有两三斤吧？（　　）
   （A. 害怕　B. 表示估计、推测）（　　）
3. 大家都准备好了，可以行动了。（　　）
4. 我要用实际行动来感谢老师的关怀。（　　）
   （A. 为实现某种意图而具体地进行活动　B. 行为；活动）

三　用“只好”改写句子。

1. 这几天没空，参观的事不得不以后再说。
2. 这个字大家都不认识，得查查字典。
3. 我家里有要紧的事儿，得早点儿回去。
4. 爸爸妈妈中午都不回来，午饭还得自己做。

四　用“其中”完成句子。

1. 给我们上课的老师有好几位，____________________
2. 美国有很多著名的大学，____________________
3. 我有很多朋友，____________________
4. 爸爸送给我很多礼物，____________________

五　根据课文内容，判断下列说法是否正确。

1. 章太炎是明朝末年的学者。（　　）
2. 章太炎想了很久，终于写下了那首十分珍贵的“六龄童诗”。（　　）
3. 章太炎在《论灿烂之大清国》这篇文章里，对清朝政府进

行了严厉的批评。（ 是 ）

4. 章太炎遭到主考官训斥时，心里有点儿紧张。（ 否 ）

5. 章太炎是一个非常爱国的人。（ ）是

21 早点与早茶

北京人吃早点，广东人喝早茶，这是两种不同的生活习惯。

北京人的早点比较简单，最常见的是豆浆、油条和包子，另外还有油饼、炸糕、馄饨等。早晨也有人喝牛奶，吃蛋糕或者面包，但大多数人还是习惯了豆浆、油条、包子，吃来吃去还是觉得这些东西好。许多北京人到了巴黎或纽约，吃不了几天西餐，就到处询问什么地方能买到油条。在他们看来，北京的早点吃起来要有味儿得多。

北京人吃早点，总是匆匆忙忙的。大部分人喜欢在家里吃。早上起来，拿出前一天准备好的食品热一热，草草吃完了事。大街边，饭馆儿前，卖早点的五六点钟就忙着炸油条、煮豆浆，然后摆出几张简单的桌椅，等候顾客。那些急着要上班的人买了早点，随便找个座位三下两下吃完，擦擦嘴就走。公共汽车站或地铁站上，偶尔也可以见到一边吃早点一边等车的学生，车到站了，早点也吃完了。在北京吃早餐，几乎体会不到轻松、悠闲的情趣。

广东人喝早茶，要比北京人吃早点从容得多，也讲究得多。早晨起来，买一份报纸，轻轻松松地走进茶楼，要一壶茶，买两样小点心，边吃边看。或者约一两个好友，叫几样儿点心，边吃边聊。特别是老人，不用着急上班，晨练过后，一壶早茶就可以喝到九十点钟，然后顺路到街上转一转，买点儿鱼、肉、蔬菜什么的，再慢慢地走回家去。

茶楼是广东最有代表性的、最传统的吃早餐的地方。茶楼里的点心有的几十种，有的上百种，比如虾饺、咸粽子、鱼片粥、米粉以及各种各样的小菜，非常丰富。这些东西放在一个推车里，

推到客人面前，由客人随意选择。北京人常常感到奇怪，每天那么忙碌的广东人，怎么舍得把早晨的大好时光消磨在茶楼上呢？其实，上茶楼也是一种社交活动，无论是会友聊天儿，还是去谈生意，这种场合都会让人感到非常从容，非常自在。

由于海外华人中广东人特别多，广东的早茶很早就传到了海外。在纽约、旧金山这样的大城市，很容易找到广东茶楼，可以到那里去喝广东早茶。就连偏远的南太平洋小岛上，也经常看到中餐馆的门前挂着“天天早茶”“全天供应早茶”的牌子。在这里，早茶其实是一种广东的风味小吃，同时也是一种文化。

jiāng	lí	shū	xián	lù
浆	黎	蔬	咸	碌

生 词 NEW WORDS

早点	zǎo diǎn	(light) breakfast
早茶	zǎo chá	morning tea and pastries
常见	cháng jiàn	common
豆浆	dòu jiāng	soya-bean milk
馄饨	hún tun	*won ton;* dumpling soup
巴黎	Bā lí	Paris
西餐	xī cān	Western-style food
匆匆忙忙	cōng cōng máng máng	hastily; in a hurry
悠闲	yōu xián	leisurely and carefree
茶楼	chá lóu	tea-room; tea-shop
顺路	shùn lù	on the way
蔬菜	shū cài	vegetables; greens
早餐	zǎo cān	breakfast
咸	xián	salted; salty
推车	tuī chē	wheelbarrow; handcart
忙碌	máng lù	be busy; bustle about
大好时光	dà hǎo shí guāng	the golden time
消磨	xiāo mó	idle away
社交	shè jiāo	social intercourse; social contact
场合	chǎng hé	occasion; situation
旧金山	Jiù jīn shān	San Francisco(an American city)
偏远	piān yuǎn	remote; faraway
餐馆	cān guǎn	restaurant
风味小吃	fēng wèi xiǎo chī	typical local refreshments

词语例解

比较

1. 动词。对比(compare; contrast)。例如：

　　比较下边两组句子有什么不同。

　　把这两篇文章一比较，就看出高低来了。

2. 副词。表示具有一定的程度(fairly; rather; comparatively)。例如：

　　北京人的早点比较简单。

　　今天比较冷，多穿点儿衣服。

　　我比较喜欢打篮球，不太喜欢踢足球。

几　数词

1. 询问数量(how many; what time)。例如：

　　小朋友，你今年几岁了？

　　请问，现在几点了？

　　你们家有几口人？

2. 表示十以内的不确定的数目(several; some)。例如：

　　许多北京人到了巴黎或纽约，吃不了几天西餐……

　　或者约一两个好友，叫几样点心，边吃边聊。

　　你们几个往前坐一坐。

*“几”可以用在“十、百、千、万、亿”等词语之前和“十”之后。例如：

　　我们一起来了十几个人。

　　这件文物大概有几千年的历史了。

以及　连词

连接并列的词或短语等(as well as; along with)。例如：

比如虾饺、咸粽子、鱼片粥、米粉以及各种各样的小菜。

商店里有鸡、鸭、鱼、肉，以及糖果、糕点等，非常丰富。

问题是怎么产生的，以及最后怎么解决，都需要研究。

舍得　动词

be willing to part with; not grudge。例如：

每天那么忙碌的广东人，怎么舍得把大好时光消磨在茶楼上呢?

你舍得把这么好的东西送给别人吗?

他学起中文来，真舍得花时间。

*“舍得”的否定说法是“舍不得”或“不舍得”(hate to part with; grudge)。例如：

在北京呆得时间长了，还真有点儿舍不得离开。

让我花这么多时间去喝早茶，我还真有点儿不舍得。

让

1. 动词。把方便或好处给别人(give way; give up; modestly decline)。例如：

妹妹还小，你要让着她点儿。

请大家给这位病人让个座儿。

2. 动词。表示致使或者愿望(make; let)。例如：

无论去做什么，这种场合都会让人感到从容、自在。

来晚了，让您等了这么长时间。

让我们永远做好朋友吧!

3. 介词。被(to be done; by)。例如：

事情都让他们干完了。

门让风给吹开了。

*“被”字后边的施事有时可以省略;“让”后的不能省略、例如:

门被吹开了。

练　　习

一　**熟读课文，回答问题。**

1. 北京人和广东人有什么不同的生活习惯?
2. 北京人吃早点有什么特点?
3. 广东人喝早茶有什么特点?
4. 为什么广东人愿意去茶楼喝早茶?
5. “全天供应早茶”中的早茶和广东的早茶是不是一回事?

二　**给下边的多音字注音，组词。**

炸	处
了	便
着	舍

三　**给句中加线的词语选择合适的义项。**

1. 请比较一下，看看这两个句子有什么不同。
2. 今天气温比较高，出去的时候可以少穿一点。
   (A. 具有一定程度　B. 对比)
3. 他看上去有三十几岁的样子。
4. 你们今天准备来几个人?
   (A. 表示不确定的数目　B. 询问数量)

5. 让我仔细想想。

6. 咱们下盘棋吧！我可以让你四个子。

(A.退让或谦让　B.致使或愿望　C.被)

四　用括号中的词语完成句子。

1. 茶楼里的点心很多，______________________。(常见)
2. 商店里的文具真多，______________________。(以及)
3. 如果有人向你借一件很贵重的东西，________________？(舍得)
4. 你还以为我不知道这件事呢，__________________。(其实)

五　下边介绍的是北京的风味小吃小窝头，读一读，看看是怎么介绍的。你还知道哪些中国的风味小吃，试着向同学们介绍一两种，然后把它们写下来。

小窝头是用细玉米面做成的。先把细玉米面掺上黄豆面、白糖和桂花，加温水调和成面。再把面捏(niē)成上尖下圆、底部中间有个空洞的小窝头，然后放屉(tì)上蒸熟。蒸熟后的小窝头，内外光滑，金黄闪光，味道清香甘美。一般一千克面捏成二百个小窝头。北海公园仿膳饭庄制作的小窝头最有名。

22 中国的花

中国是个多花的国家，中华民族自古以来就有种花、爱花的传统。

中国人爱花，最喜爱的是梅花和牡丹。梅花是中国的特产，有各种各样不同的品种。梅花有五瓣，古人认为是快乐、幸福、长寿、顺利、和平的象征。“墙角数枝梅，凌寒独自开。遥知不是雪，为有暗香来。”洁白的梅花在寒冷的冬天独自开放，远远看去知道那不是雪，因为有一股香气从那里飘过来。不怕严寒，这正是梅花的品格。中国人常把松、竹、梅誉为“岁寒三友”，把梅、兰、竹、菊合称为“四君子”，由此也可以看出人们对梅花的喜爱和赞美。

梅 花

牡丹也是中国的特产，清朝末年曾经把它定为国花。牡丹颜色艳丽，有“国色天香”“花中之王”的美誉。民间曾经流传过一个很有趣的故事。一年寒冬，唐朝的武则天在长安游览花园，命令百花同时开放。但是牡丹却枝干叶枯，拒绝开放。武则天非常生气，就命令人把牡丹贬到了洛阳。一到洛阳，牡丹马上就开出了鲜艳的花朵。这更气坏了武则天，她下令烧死牡丹。不料，经火一烧，牡丹开得更鲜艳了。这虽然是一个传说，却赋予了牡丹一种刚直不阿的精神。现在，洛阳每

牡丹花

年春天都举行牡丹花会，前来观赏的人非常多。

荷 花

中国有十大名花，除了梅花和牡丹外，还有月季、菊花、兰花、荷花、桂花、山茶、杜鹃和水仙。这些花不仅外表漂亮，而且往往象征着某种品格。

中国的许多城市都有自己的市花。1986年10月，在深圳的“海上世界”，举行了第一届中国城市市花展览。75个城市送来了自己的市花，有北京的月季、菊花，上海的玉兰，广州的红棉，南京的梅花，洛阳的牡丹，昆明的山茶等。它们争奇斗艳，竞相展示着自己的美丽。

花好还要有人种。过去，由于生活水平比较低，许多人没有条件种花、养花。现在，随着经济的发展，物质生活水平的提高，越来越多的人加入了养花者的行列。马路边、小区内、阳台上，到处可见五颜六色的鲜花，不仅美化了环境，而且有利于身心健康，给忙碌的人们带来一份轻松和愉快。近几年，许多城市开始有了鲜花店，街头上也出现了不少卖花者。逢年过节，生日聚会，给亲朋好友送上一束鲜花，表达一份祝福和问候，这在中国许多大中城市已经成为一种时尚。

shòu	yù	jù	fù	jì	zhì	kāng
寿	誉	拒	赋	济	质	康

生　词　NEW WORDS

中华民族	Zhōng huá Mín zú	the Chinese nation
自古以来	zì gǔ yǐ lái	since ancient times
牡丹	mǔ dan	peony
长寿	cháng shòu	long life; longevity
和平	hé píng	peace
凌	líng	risk; brave
美誉	měi yù	good reputation
武则天	Wǔ Zé tiān	an empress in Tang Dynasty
拒绝	jù jué	refuse; reject
贬	biǎn	demote; relegate
洛阳	Luò yáng	a Chinese city in Henan Province
赋予	fù yǔ	give;endow with
刚直不阿	gāng zhí bù ē	upright and never stooping to flattery
杜鹃	dù juān	azalea
外表	wài biǎo	outward appearance; exterior
深圳	Shēn zhèn	a Chinese city in Guangdong Province
争奇斗艳	zhēng qí dòu yàn	compete with each other for beautiful looks
展示	zhǎn shì	reveal; show; lay bare
水平	shuǐ píng	level; standard
条件	tiáo jiàn	condition; factor
物质	wù zhì	matter;substance; material
行列	háng liè	ranks
美化	měi huà	beautify; prettify; embellish
健康	jiàn kāng	in good health;healthy;fit
聚会	jù huì	meet; get together

词 语 例 解

生气 动词

不高兴，不愉快(be angry; take offense)。例如：

武则天非常生气，就把牡丹贬到了洛阳。

他的考试成绩不好，妈妈知道了非常生气。

不要生气了，有话好好儿说。

不料 连词

没有想到(unexpected; to one's surprise)。常与“却，竟，还”等词语呼应。例如：

不料，经火一烧，牡丹开得更鲜艳了。

今天本来打算去动物园，不料却来了位朋友。

跟他商量了半天，不料他还是不答应。

* 使用“不料”时，前边要说明原先的情况或想法。例如：

原以为他会反对的，不料他却同意了。

过去

1. 名词。以前(in the past; previously)。例如：

过去，许多人没有条件种花、养花。

现在和过去真是大不相同了。

你还记得过去我们两个在一起的日子吗?

2. 动词。离开说话人的方向(go from this place to another)；通过(pass)。例如：

你先过去吧，我一会儿就来。

这一回考试我总算过去了。

3. 做补语，表示动作的趋向(go over; pass by)。

他一脚就把球踢了过去。

快一点儿，他已经晕过去了！

经济

1. 名词。如“国民经济(national economy)”“发展经济(develop economic prosperity)”。
2. 名词。指个人或集体的收支情况(financial condition; income and expenses)。例如：

   他们家的经济条件比较好。

   人口的大量增加，使国家的经济负担日益加重。
3. 形容词。节省的(economical; thrifty)。例如：

   买这个东西经济实惠。

有利 形容词

有好处，有帮助(advantageous; beneficial)。一般说“有利于……”或“对……有利”。例如：

五颜六色的鲜花，不仅美化了环境，而且有利于身心健康。

大量阅读对学好中文很有利。

这对你来说是件有利的事情。

*“有利”的反义词是“不利”(unfavorable; disadvantageous)。例如：

这样做对我们很不利。

我不是腿上有毛病吗？不但不利于出行，也不利于伏案写作。

练　习

一　读读记记，记住下列字、词。

寿——长寿	誉——美誉	拒——拒绝
洛——洛阳	赋——赋予	济——经济
质——物质	康——健康	聚——聚会

二　读一读下边的花名和城市名，把你知道的也写下来。

牡丹　梅花　兰花　菊花　月季　荷花
桂花　山茶　杜鹃　水仙　玉兰　红棉

洛阳　深圳　北京　上海　广州　南京
昆明

三　给句中加线的词语选择合适的义项。

1. 这都是过去的事了，不要再说了。
2. 他已经跑过去了。
3. 你别过去了，我叫他们过来。
　(A. 以前　B. 离开　C. 表示趋向)

4. 我们现在的经济情况比以前好多了。
5. 他的小说，语言经济，耐人寻味。
6. 发展经济是我们的头等大事。
　(A. 国家经济　B. 生活水平　C. 节省的)

四　仿照例子造句。

1. 中国有十大名花，除了梅花和牡丹外，还有月季、菊花、兰花、荷花、桂花、山茶、杜鹃和水仙。

   除了……（以）外

2. 不料，经火一烧，牡丹开得更鲜艳了。

   不料

3. 不仅美化了环境，而且有利于身心健康。

   有利于

五　把下边的句子译成英语。

1. 中国人爱花，最喜爱的是梅花和牡丹。

2. 一到洛阳，牡丹马上就开花了。

3. 中国的许多城市都有自己的市花。

4. 马路边、小区内、阳台上，到处可见五颜六色的鲜花。

5. 逢年过节，生日聚会，给亲朋好友送上一束鲜花，表达一份祝福和问候，这在中国许多大中城市已经成为一种时尚。

23 故宫博物院

在北京的中心，有一座城中之城，这就是紫禁城。现在人们叫它故宫，也叫故宫博物院。故宫是中国明朝和清朝两个朝代的皇宫，也是世界上现存最大的皇宫，有500多年的历史了。

故宫宫城是长方形，面积72万平方米，建筑面积16万平方米。宫墙10多米高，有四座城门：南面午门，北面神武门，东面东华门，西面西华门。城墙外是50多米宽的护城河，保护着这座庞大的建筑群。

从天安门一直往北走，就到了午门。午门是故宫的正门，1420年修建，高37.95米。主楼左右各有一座钟鼓亭，每当皇帝举行重要仪式时，都要鸣钟敲鼓。

走进午门，是一个宽阔的院子，金水河从西向东流过，河上是五座精美的汉白玉石桥，叫内金水桥。中间的桥是皇帝走的，两边的桥是皇帝的亲戚走的，最外边的两座桥是大臣们走的。

桥的北面是太和门，一对威武的雄狮守卫在门的两侧。进了太和门，有一个广场，这是皇宫里最大的广场。紧接着就是故宫的中心——三大殿：太和殿、中和殿、保和殿。

太和殿是皇宫里最雄伟的建筑，是举行重大典礼的地方。皇帝即位、过生日、举行婚礼、庆祝元旦等，都在这里受朝贺。每逢重大的典礼，殿外的汉白玉台基上跪满文武百官，两边排列着仪仗，皇帝威严地坐在自己的宝座上。大殿内外，一片庄严肃穆的气氛。

太和殿的后面是中和殿，这是举行典礼前皇帝休息的地方。再后面是保和殿，是皇帝举行宴会和全国最高一级考试的地方。

故宫太和殿

三大殿建在故宫的中轴线上，这条线也是北京的中轴线，向南从午门到天安门延伸到正阳门、永定门，往北从神武门到地安门鼓楼，全长约8千米。

从保和殿出来，是一片长方形小广场，把故宫分为南北两部分。广场以南，主要建筑是三大殿和东西两侧的宫殿，叫"前朝"。广场北面叫"内廷"，是皇帝和后妃起居生活的地方。这里有后三宫，是皇帝处理日常政务和居住生活的地方；东西两侧各有东六宫和西六宫，是妃嫔居住的地方：这就是俗称的三宫六院。

后三宫往北就是御花园，是一个面积1万多平方米的漂亮的花园。这里的建筑布局，环境气氛，和前几部分完全不同，皇帝和后妃们可以在这里休息、游玩。

从御花园往北，就到了神武门，对面就是景山公园。站在景山公园最高的亭子上眺望金碧辉煌的故宫，使人不能不惊叹中国古代劳动人民这一杰出的创造。

páng yí cè mù zhóu

庞仪侧穆轴

生　词　NEW WORDS

紫禁城	Zǐ jìn chéng	the Forbidden City
皇宫	huáng gōng	imperial palace
长方形	cháng fāng xíng	rectangle
平方米	píng fāng mǐ	square metre
护城河	hù chéng hé	moat
庞大	páng dà	huge; enormous; immense
天安门	Tiān ān Mén	Tian An Men
仪式	yí shì	ceremony; rite
精美	jīng měi	exquisite; elegant
大臣	dà chén	minister(of a monarchy)
两侧	liǎng cè	both sides; both directions
广场	guǎng chǎng	square; public square
即位	jí wèi	ascend the throne
婚礼	hūn lǐ	wedding ceremony; wedding
庆祝	qìng zhù	celebrate
朝贺	cháo hè	worship
文武百官	wén wǔ bǎi guān	civil and military officials
仪仗	yí zhàng	flags, weapons, etc. carried by the guards of honour
威严	wēi yán	dignified; majestic
肃穆	sù mù	solemn and respectful
宴会	yàn huì	banquet; feast
中轴线	zhōng zhóu xiàn	axis
起居	qǐ jū	daily life
政务	zhèng wù	government affairs; government administration
妃嫔	fēi pín	imperial concubine(s)
御花园	yù huā yuán	imperial garden
布局	bù jú	overall arrangement
眺望	tiào wàng	look into the distance from a high place

词 语 例 解

往

1. 动词。去(go)，向某个方向去。例如：

   大街上来往的车辆很多。

   你往东，我往西，我们从不同的方向去找。

2. 介词。向(in the direction of; toward)。例如：

   从天安门一直往北走，就到了午门。

   人往高处走，水往低处流。

   他往南去了。

*“往”与时间词、名词等组合，指过去的(former; previous)。如“往日(former days)”“往年(former years)”“往事(the past; past events)”等。

重大　形容词

非常重要的(great; significant)。例如：

太和殿是举行重大典礼的地方。

这件事意义非常重大。

过去的几年，我们的建设取得了重大的成就。

处理　动词

1. 安排，解决(handle; deal with)。例如：

   后三宫是皇帝处理日常政务和居住生活的地方。

   处理好环境污染是十分重要的事情。

2. 减价卖东西(sell at reduced prices)。例如：

   这个商店正在处理积压商品。

不同

不相同 (different; distinct)。例如：

他们两个性格不同。

这是两个不同的问题，要分别对待。

* 表示比较时，常常说“与(和、跟)……不同”或“不同于……” (different from)。例如：

这里的建筑布局，环境气氛，和前几部分完全不同。

使 动词

1. 用，使用 (use; employ)。例如：

为了达到目的，他使尽了一切办法。

这支笔很好使。

2. 让，叫，致使 (make; enable)。例如：

站在景山公园最高的亭子上眺望金碧辉煌的故宫，使人不能不惊叹中国古代劳动人民这一杰出的创造。

他的话使人感到有些意外。

同学们的祝贺使我感到很开心。

练　　习

一　熟读课文，回答问题。

1. 故宫在北京城的什么位置？
2. 故宫内有河有桥，它们各叫什么名字？
3. 故宫中最雄伟的建筑是哪一座？皇帝经常在那里举行什么活动？
4. 故宫包括哪两大部分？皇帝处理日常政务和居住生活的地方是哪儿？

5. 故宫的南面和北面各是什么地方？

二　读读记记，用所给的词语组成短语。

庞——庞大——	仪——仪式——
精——精美——	侧——两侧——
穆——肃穆——	宴——宴会——
处——处理——	繁——繁忙——

三　根据所给的义项，用下列词语造句。

1. 往：介词，介绍方向。
2. 处理：安排，解决。
3. 不同：与……不同。
4. 使：叫，让。

四　根据课文的介绍，在下图中标出午门、三大殿、御花园的位置。

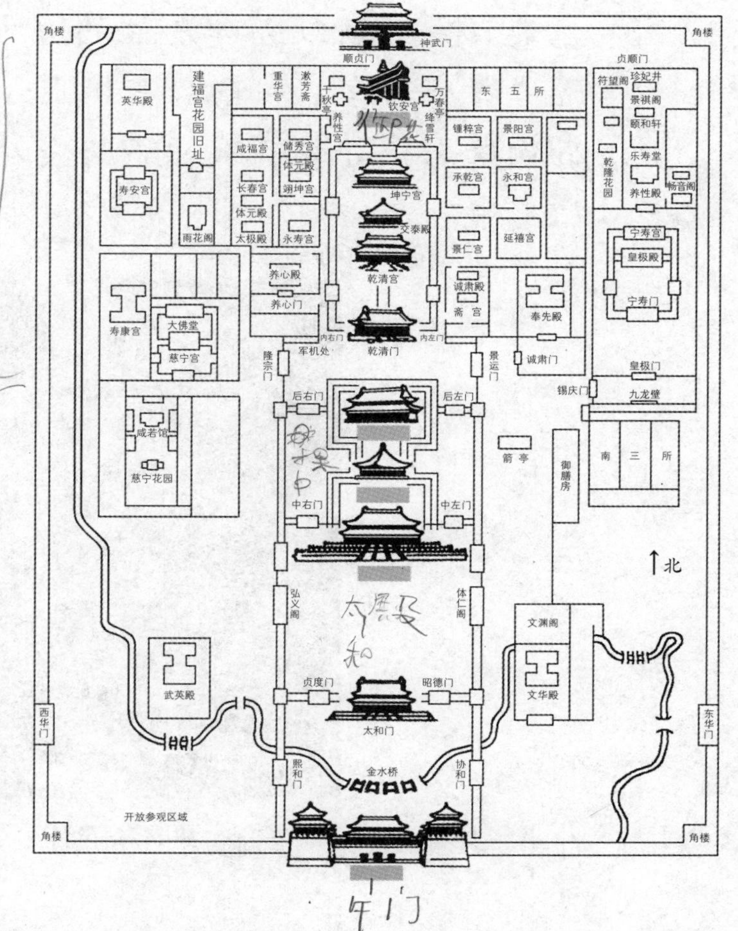

五　会话练习。

A: 听说故宫是世界上现存的最大的皇宫。

B: 是啊，故宫的面积有72万平方米，里面的房子有9 000多间。

A: 这么大的地方，该怎么参观好呢？

B: 我给你介绍一下，你就知道了。故宫包括“前朝”和“内廷”两大部分。四周用城墙围起来，城的四面各有一个门。

A: 你说的“前朝”是不是主要指故宫前面的三大殿呢？

B: 对。三大殿是皇帝发布命令、举行重大典礼的地方。它的后边就是“内廷”。

A: 那么“内廷”就是指皇帝和后妃的生活区了？

B: 可以这么说。“内廷”又包括三个部分：中间的后三宫是皇帝日常处理政务和居住的地方，后边是个御花园，东西两边各有六宫，叫东六宫和西六宫。

A: 听你这么一介绍，我想最好是从西门进去，从“前朝”开始参观。

故宫御花园

24 北京的四合院

北京有许许多多的胡同，胡同与胡同之间是大大小小的住宅，这些住宅中有许多四合院。所谓四合院，其实就是东南西北都有房屋，房屋与房屋之间用院墙连接起来的一个院子。现在，北京城虽然出现了许多高层建筑，但是在老城区，仍然保存着相当一部分这种老式住宅——四合院。

四合院是北京传统的住宅形式。和其他地区的中国人一样，北京人也认为北方是个吉利的方向，因此，一般的四合院都是坐北朝南。同时，这种设计还有实用方面的考虑，这就是北屋向阳，坐北朝南的四合院能够得到充足的阳光。

四合院北边朝南的一排房子是北房，也叫正房。正房前边两侧相对的是厢房，东西各有两间。与北房相对的是三间南房，老北京人也叫它“倒座儿”。

过去，一个家庭常常是几代人生活在一起，居住在同一间房子里不方便，离得太远又不好联系，四合院正好满足了这种家庭结构的需要。一般说来，正房高大、舒适、明亮，是长辈们居住的地方，东西两侧厢房则由子孙居住，南房常常是书房或客厅。四合院大都由房屋院墙环绕，院内还设有影壁、垂花门、游廊等。这样，房屋与房屋之间，既相互连接，又各自分开，有合有分，非常适合人多的家庭居住。

四合院的规模有大有小。小型四合院，房屋布局简单，三面或四面建房，只有一个院子。比如鲁迅先生在北京的故居，就是小型的四合院。这种小型四合院在北京最多，大多是普通老百姓居住。也有比较讲究的大型和中型四合院，或者向后边发展，在正房后面增加几个院子；或者向两侧发展，增加几组平行的院子。大型的四合院只有那些有钱的人家才住得起。北京最大的四合院是明清时期的王府。这些王府规模大，面积广，建造讲究，有些一直保存到现在。

过去的四合院，大多是一家一户居住。随着社会的发展，人口的增加，一家一户的形式渐渐被打破。现在，一个四合院，往往住上许多户人家。这样的住宅，虽然有些拥挤、杂乱，但是非常适合人与人之间的交往。有人认为，四合院能使邻居之间产生一种和谐气氛，使人有一种安全感和亲切感；而现在的高层建筑，则容易使人与人之间、家庭与家庭之间关系冷漠、感情疏远。为此，国外的一些建筑师也设计了一些模仿中国四合院式的建筑，如菲律宾的“四户一院”的住宅群，哥本哈根的“仿四合院”式住宅群等，都是为了满足人与人之间交往的需要。

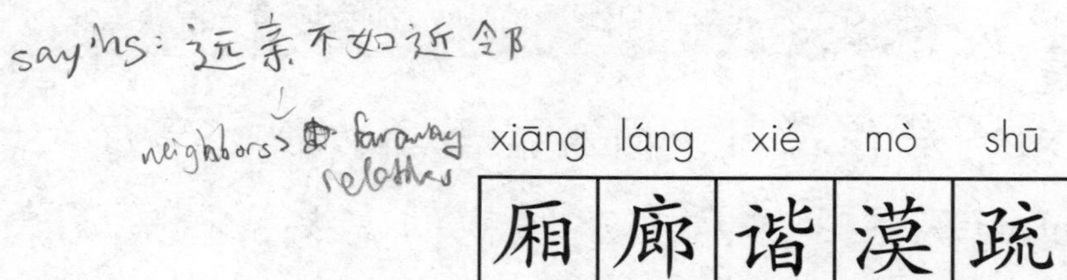

生 词 NEW WORDS

高层	gāo céng	tall; high
保存	bǎo cún	preserve; conserve; keep
形式	xíng shì	form; shape
坐北朝南	zuò běi cháo nán	facing south
充足	chōng zú	adequate; sufficient; abundant
厢房	xiāng fáng	wing-room
联系	lián xì	contact; get in touch with; connection
环绕	huán rào	surround; encircle
影壁	yǐng bì	screen wall
垂花门	chuí huā mén	floral-pendant gate
游廊	yóu láng	covered corridor; veranda
相互	xiāng hù	mutual; reciprocal
小型	xiǎo xíng	small-sized; small-scale
故居	gù jū	former residence; former home
大型	dà xíng	large-scale; large
中型	zhōng xíng	medium-sized; middle-sized
增加	zēng jiā	increase; add
王府	wáng fǔ	imperial mansion
安全	ān quán	safe; secure
冷漠	lěng mò	unconcerned; indifferent
感情	gǎn qíng	feeling; emotion
疏远	shū yuǎn	drift apart; become estranged
菲律宾	Fēi lǜ bīn	the Philippines
哥本哈根	Gē běn hā gēn	Copenhagan

词 语 例 解

所谓　形容词

1. 通常所说的(what is called)。多用来引出需要解释的词语。例如：

　　所谓四合院，其实就是东南西北都有房屋的院子。

　　所谓共识，就是共同的认识。

2. 某些人所说的(so-called)，含有不承认的意思。例如：

　　古人的所谓“天下”，其实小得很。

　　难道这就是所谓的新意？

相当

1. 动词。两方面差不多，配得上(match; be equal to)。例如：

　　他们两个年龄相当。

　　这两个球队实力相当。

2. 副词。表示程度高(quite; fairly)。例如：

　　但是在老城区，仍然保存着相当一部分四合院。

　　今晚的演唱会相当成功。

　　这个菜的味道相当不错。

生活

1. 名词。为生存而进行的活动(life; livelihood)。如“日常生活(daily life)”“政治生活(political life)”。

　　中国百姓的生活水平比过去提高了很多。

　　我们的生活环境已经有了很大的改善。

2. 动词。生存(live)。例如：

　　一个家庭常常是几代人生活在一起。

　　大多数人都是靠工资生活。

由 介词

1. 归(某人做)。例如:

   东西两侧的厢房则由子孙居住。

   准备工作由我负责。

   这个任务由你来完成。

2. 表示凭借，用(by)。例如:

   四合院大都由房屋院墙环绕。

   我们这个小组由四个人组成。

简单 形容词

1. 不复杂(simple; uncomplicated)。例如:

   小型四合院，房屋布局简单。

   这事做起来太简单了!

   这个故事的情节非常简单。

2. 平凡(commonplace; ordinary)。多指人，一般用于否定句。例如:

   这个人很不简单。

   这可不是一个简单的人物。

练　　习

一　仿照例子，组成尽可能多的短语。

充足的（阳光）	布局（简单）
方便的（　　）	家庭（　　）
明亮的（　　）	关系（　　）
和谐的（　　）	感情（　　）

二　从课文中找出下列词语的反义词。

过去——　　高层——　　新式——

现代——　　小型——　　纵向——

减少——　　危险——　　亲切——

三　给句中加线的词语选择合适的义项。

1. 这两个人水平相当。

2. 这个人的功夫相当不错。

(A. 差不多　　B. 表示程度高)

3. 今天由你来收拾房屋。

4. 四合院是由东南西北的房子组织起来的院子。

(A. 凭借，用　　B. 归某人去做)

5. 这么简单的问题你还来问我？

6. 你可真不简单，居然把他给说服了！

(A. 平凡　　B. 不复杂)

四　下边是一个四合院平面图，按照课文的介绍增加几组纵向或横向的院子，使它成为一个中型或大型的四合院。

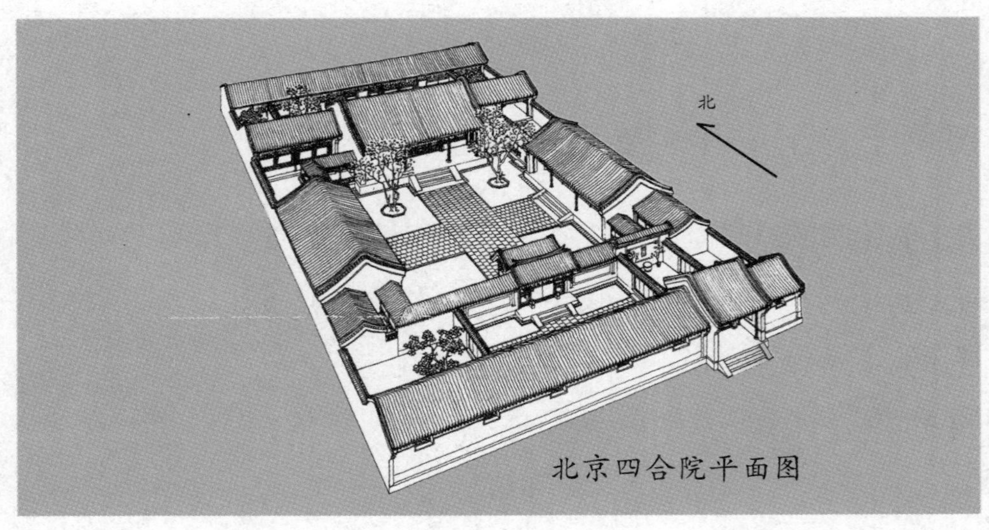

北京四合院平面图

五　阅读下边这个片段，完成练习。

鲁迅先生的故居，在北京阜(fù)成门内西三条21号，是一个小型四合院。1924年5月至1926年8月，鲁迅就住在这里。小院整洁干净，他生前亲手栽种的丁香和刺梅依然树繁叶茂。院内的三间南房是会客室，鲁迅曾经在这里接待过许多客人。北房的东间，是鲁迅母亲的住房。晚饭以后，鲁迅常常在这里陪母亲聊天儿，谈家常。北房的中间向后突出的一间，是鲁迅的卧室兼(jiān)工作室，他自己戏称为“绿林书屋”。就是在这不足十平米的小屋中，鲁迅写下了许多传世名篇。

1. 弄懂下边几个词语的意思。

　　整洁　　栽种　　陪伴　　突出

2. 给下边几个词组成短语。

　　整洁——　　干净——

　　栽种——　　接待——

3. 给这个片段加上一个合适的标题。

25 少林功夫

许多外国朋友都知道中国的武术师李小龙，他演出的“功夫片”享誉世界。此后，“功夫”一词逐渐成为流传于世的一个武术名词，“中国功夫”也成了欧美及其他国家对中国武术的代称。十多年前，一部电影《少林寺》，更将中国武术的一个具有代表性的流派——“少林功夫”，展示在全世界面前。

少林功夫起源于少林寺。北魏孝文帝的时候，曾经在嵩山之下为一位印度和尚建造寺院，这就是少林寺。少林寺建成后，寺中的和尚大多学习武术，时间一长，逐渐形成了一定的套路，如罗汉十八势、八段锦、长寿拳等。这就是早期的少林武术。

少林武术在唐朝时开始出名。唐朝初年，秦王李世民曾经与郑王打仗。在情况危急的时刻，少林寺13位和尚协助李世民作战，打败了郑王的军队，立下了汗马功劳。后来李世民做了皇帝，封其中的两位和尚为大将军，又赏赐良田用具。从此，少林寺和少林武术开始名扬天下。寺中“十三罗汉救唐王”的壁画，说的就是这段故事。

真正的少林功夫虽然不像电影里看到的那么神奇，但确实令人惊叹。比如硬功“金钢钟”，就是一只手以拳撑地，支撑全身

倒立。最精彩的要算“一指禅”，是用一个手指着地，支撑全身倒立。像这样的硬功夫，没有几十年的潜心苦练，是很难修炼成功的。又比如少林拳，它的动作迅速有力又柔和舒展，富于攻击性和表演性。其中的龙拳、虎拳、豹拳、蛇拳和鹤拳，顾名思义，是模仿这几种动物的动作而成，形神兼备，优美大方。真正的少林拳，要求每个姿势和动作都必须手到、眼到、身到、步到，并且身体的各部分密切配合，协调一致。动如风，站如钉；重如山，轻如毛；缓时如春风微波，风平浪静；快时如惊涛骇浪，狂奔怒泻。这些概括了少林武功的主要特点。

少林功夫只是中国武术的一个分支。随着社会的发展，中国武术已经逐渐演变成一种民族形式的体育运动。现在，街头巷尾，大小公园，常常看到许多练功的人。他们多半是老年人，也有中青年，目的是强身健体、防病治病。少年儿童则到不同的少年宫里，参加各种各样的武术训练班，既锻炼身体，又能弘扬中国的武术文化。

中国武术丰富多彩，可以适合不同年龄、不同体质人的需要。年龄小嘛，不妨学学少林拳；老年人嘛，可以试试太极拳；身体不好，那就练练气功。只要你用心去学，坚持不懈，一定能收到很好的效果。这大概也是中国武术受到越来越多的人喜爱的主要原因吧！

sì xié chēng

寺 协 撑

生 词 NEW WORDS

享誉	xiǎng yù	enjoy high reputation
欧美	Ōu Měi	Europe and America; the West
代称	dài chēng	another name;
少林寺	Shào lín Sì	the Shaolin Temple
流派	liú pài	school; sect
嵩山	Sōng Shān	Song Shan Mountain in Henan Province
印度	Yìn dù	India
套路	tào lù	a series of skills and tricks
早期	zǎo qī	early stage; early phase
危急	wēi jí	critical; in imminent danger
协助	xié zhù	help; assist
作战	zuò zhàn	fight; do battle
汗马功劳	hàn mǎ gōng láo	distinctions won in battle; one's contributions in work
赏赐	shǎng cì	grant a reward; award
名扬天下	míng yáng tiān xià	well-known in the world
壁画	bì huà	mural; fresco
硬功	yìng gōng	masterly skill
支撑	zhī chēng	prop up; support
潜心	qián xīn	do sth. with great concentration
柔和	róu hé	soft; gentle; mild
舒展	shū zhǎn	smooth out; extend
攻击	gōng jī	attack; assault
形神兼备	xíng shén jiān bèi	with both appearance and spirit
协调	xié tiáo	coordinate
一致	yí zhì	consistent; identical
风平浪静	fēng píng làng jìng	the wind has subsided and the waves have calmed down
惊涛骇浪	jīng tāo hài làng	terrifying waves; fearful storm
狂奔怒泻	kuáng bēn nù xiè	raging and roaring
分支	fēn zhī	branch
演变	yǎn biàn	develop; evolve
体育	tǐ yù	sports; physical culture
弘扬	hóng yáng	enlarge; expand
气功	qì gōng	*Qigong*, a system of deep breathing exercises
不懈	bú xiè	untiring; unremitting

词语例解

逐渐 副词

渐渐，逐步 (gradually; by degrees)。例如：

此后，“功夫”一词逐渐成为流传于世的一个武术名词。

时间一长，逐渐形成了一定的套路。

他的病情逐渐好转了。

*“逐渐”可以修饰形容词，“逐步”不能。例如：

他的心情逐渐平静了下来。

起源

1. 动词。开始发生 (originate from; come from)。一般说“起源于……”。例如：

少林功夫起源于少林寺。

这个故事起源于唐朝。

世界上的一切知识都起源于劳动。

2. 名词。使事物产生的根本原因 (origin)。如“人类的起源 (the origin of mankind)”“文明的起源 (the origin of civilization)”“生命的起源 (the origin of life)”等。

时刻

1. 名词。时间里的某一点 (time; hour; moment)。例如：

在情况危急的时刻，少林寺13位僧人协助李世民作战。

只有到了关键时刻，才能看出谁是真正的朋友。

这是她一生中最幸福的时刻。

2. 副词。每时每刻，经常 (constantly; always)。例如：

时刻不要忘了自己是个学生。

在外边野餐，要时刻记着不要引起火灾。

大方 形容词

1. 对财物不计较(generous; liberal)。例如：

   他很大方，不会计较这几个钱。

2. 言谈举止很自然，不受拘束(natural and poised)。例如：

   这些拳法模仿动物的动作而成，形神兼备，优美大方。

   她一向举止大方。

3. 样式、颜色等不俗气(in good taste; tasteful)。例如：

   这个房间布置得大大方方的，看着很舒服。

不妨 副词

表示这样做没有什么问题(there is no harm in; might as well)。往往带有鼓动或提示的语气。例如：

年龄小嘛，不妨学学少林拳。

我们不妨举几个例子来说明这个问题。

不管是谁，见见也不妨。

练　习

一　写出带下列部首的字，越多越好。

土——壁，寺，
十——协，博，
扌——撑，接，
讠——诣，语，
女——妨，妈，

二　选择合适的词语填空。

逐渐　　逐步　　起源　　来源　　时刻　　时候

1. 他的工作已经（　　）开展了起来。

2. 他的心情（　　）平静了下来。

3. 世界上的一切知识都（　　）于劳动。

4. 这是他的主要生活（　　）。

5. 这是一个令人难忘的（　　）。

6. 到（　　）不要忘了和我说一声。

三　读读记记，用加线的词语造句。

欧美　流派　早期　危急　协助　作战　支撑

迅速　柔和　协调　一致　名扬天下　风平浪静

四　学唱歌曲《中国功夫》。

中国功夫

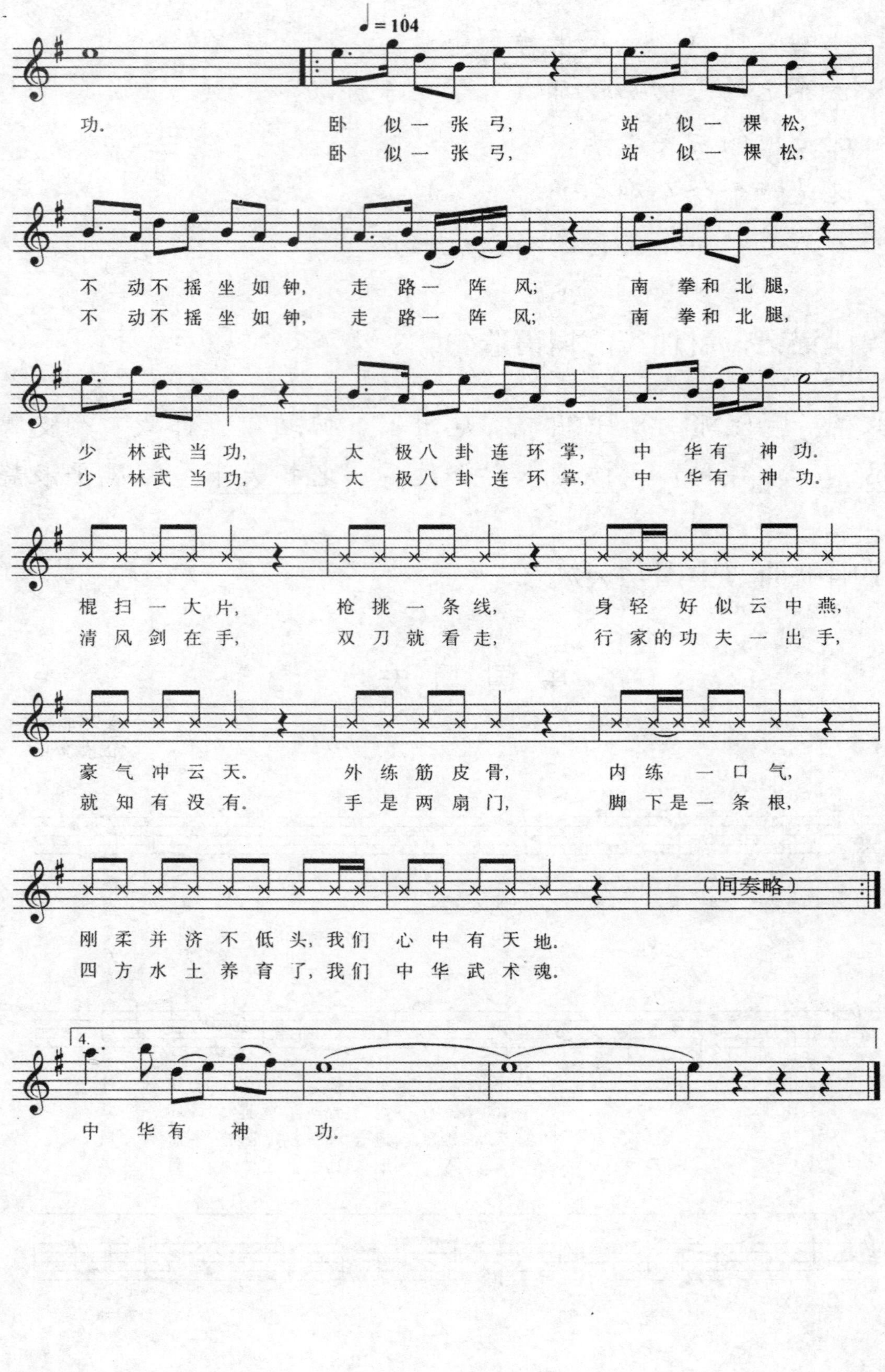

♩=104

功. 卧 似一张弓, 站 似一棵松,
卧 似一张弓, 站 似一棵松,

不 动不摇坐如钟, 走 路一 阵 风; 南 拳和北腿,
不 动不摇坐如钟, 走 路一 阵 风; 南 拳和北腿,

少 林武当功, 太 极八卦连环掌, 中 华有 神功.
少 林武当功, 太 极八卦连环掌, 中 华有 神功.

棍扫一大片, 枪挑一条线, 身轻 好似云中燕,
清风剑在手, 双刀就看走, 行家的功夫一出手,

豪气冲云天. 外练筋皮骨, 内练 一口气,
就知有没有. 手是两扇门, 脚下是一条根,

刚柔并济不低头,我们 心中有天地. (间奏略)
四方水土养育了,我们 中华武术魂.

4.
中 华有 神 功.

26 词 四 首

忆江南（三首）

白居易

江南好，风景旧曾谙。日出江花红胜火，春来江水绿如蓝。能不忆江南？

江南忆，最忆是杭州。山寺月中寻桂子，郡亭枕上看潮头。何日更重游？

江南忆，其次忆吴宫。吴酒一杯春竹叶，吴娃双舞醉芙蓉。早晚复相逢？

渔歌子

张志和

西塞山前白鹭飞，桃花流水鳜鱼肥。青箬笠，绿蓑衣，斜风细雨不须归。

ān	jùn	fú	róng	sài	lù	guì	ruò	lì	suō
谙	郡	芙	蓉	塞	鹭	鳜	箬	笠	蓑

生 词 NEW WORDS

忆	yì	miss; long for
江南	jiāng nán	the south area of the Yangtze River
旧	jiù	formerly; previously
谙	ān	know well
胜	shèng	be superior to; get the better of
桂子	guì zǐ	sweet-scented osmanthus
娃	wá	beautiful woman; beauty
芙蓉	fú róng	lotus
白鹭	bái lù	egret
鳜鱼	guì yú	mandarin fish
箬笠	ruò lì	indocalamus-leaf rain hat
蓑衣	suō yī	straw or palm-bark rain cape
不须	bù xū	not need

练　习

一　辨析下列各组字在读音和字形上的异同。

朝——嘲——潮　　夫——扶——芙

君——群——郡　　挂——佳——娃——桂

音——暗——谙　　立——泣——粒——笠

二　给下面句子中加线的词语选择正确的义项。

1. 风景旧曾谙。(A.过去的；过时的　B.以前)

2. 日出江花红胜火。(A.胜利　B.比……占优势)

3. 能不忆江南。(A.回忆　B.思念)

4. 吴娃双舞醉芙蓉。(A.小孩　B.美女)

三　《忆江南》中哪些诗句是描写江南的美景的？

四　仿照例子，用自己的话描述《渔歌子》的内容。

示例：

江南忆，最忆是杭州。山寺月中寻桂子，郡亭枕上看潮头。何日更重游？

思念江南啊，最让我思念的是杭州。那天竺寺中赏月、郡亭上观潮的情景至今还让我难以忘怀。我什么时候还能重游江南呢？

五　背诵这四首词。

27 元曲二首

天净沙　秋思

马致远

枯藤老树昏鸦，小桥流水人家，古道西风瘦马。夕阳西下，断肠人在天涯。

殿前欢　爱山亭上

张可久

小栏杆，又添新竹两三竿，倒持手版楮颐看，容我偷闲。松风古砚寒，藓上白石烂，蕉雨疏花绽。青山爱我，我爱青山。

téng	yá	zhī	yí	yàn	xiǎn	zhàn
藤	涯	榰	颐	砚	藓	绽

生 词 NEW WORDS

枯藤	kū téng	withered vine
昏鸦	hūn yā	the crows that returned their nests at dusk
古道	gǔ dào	the old and wild road
断肠人	duàn cháng rén	the drifting everywhere and distressed extremely traveler
天涯	tiān yá	the remotest corner of the earth
栏杆	lán gān	fence; balustrade
手版	shǒu bǎn	a tablet held before the breast by officials when received in audience by the emperor
榰	zhī	prop up; support
颐	yí	the lower jaw
容	róng	permit; allow
偷闲	tōu xián	snatch a moment of leisure
藓	xiǎn	moss
疏	shū	thin; spare
绽	zhàn	split; burst
青山	qīng shān	green hill

练　习

一　**比较下列各组字在读音和字形上的异同。**

见——观——砚　　　　鲜——藓
流——统——疏　　　　定——绽
页——顾——颐　　　　焦——蕉

二　**读读记记，并了解词语的意思。**

藤——枯藤　　砚——古砚　　栏——栏杆
涯——天涯　　偷——偷闲　　版——手版

三　**说说《天净沙　秋思》前三句描写的是怎样一幅图景。**

四　**阅读下面这段文字，完成练习。**

元曲包括杂剧和散曲。《西厢记》就是一部有名的杂剧，讲的是贵族小姐崔莺莺与穷书生张生恋爱的故事。崔莺莺和母亲送父亲的灵柩(jiù)回乡，遇到了强盗的包围。莺莺的母亲许诺说，谁能把强盗赶走她就把莺莺许配给谁做妻子。张生非常爱慕莺莺，就求他的朋友杜将军带兵来解围。坏人给赶跑了，崔莺莺与张生也产生了真诚的爱情，可老夫人却嫌张生是个普通的读书人，不愿意把莺莺嫁给他。幸亏莺莺的侍女红娘热心帮助这对年轻人，为他们出主意，传递书信，使他们的爱情越来越火热。莺莺的母亲没有办法，只好答应了这件婚事，但条件是要张生取得官位。最后，张生真的通过考试做了官，并且娶莺莺做了妻子。他实现了自己的理想。

1. 查工具书，了解下列词语的意思。
   灵柩　　许诺　　解围　　爱慕
2. 发挥想象，把这个故事讲给别人听听，可以适当地增加一些情节与内容。

五　**背诵课文。**

28 差不多先生传

你知道中国最有名的人是谁？提起此人，人人都知道，他姓差，名不多，各省各县各村都有叫这名字的。你一定见过他，一定听别人谈起过他。差不多先生的名字，天天挂在大家的嘴上，因为他是很多人的代表。

差不多先生的相貌和你我都差不多。他有一双眼睛，但看得不很清楚；他有两只耳朵，但听得不很分明；有鼻子和嘴，但他对于气味和口味都不很讲究；他的脑袋也不小，但他的记性却不很好。

他小的时候，他妈妈叫他去买红糖，他买了白糖回来。他妈骂他，他摇摇头说道："红糖白糖，不是差不多吗？"

他上学的时候，有一次老师问他："古城西安在哪一个省？"他说在山西。老师说："错了，是陕西，不是山西。"他回答："山西同陕西不是差不多吗？"

后来，他在一个银行里工作，他既会写又会算，只是总不精细。"十"字常常写成"千"字，"千"字常常写成"十"字。经理生气了，常常骂他。而他只是笑嘻嘻地赔不是道："'千'字比'十'字只多了一小撇，不是差不多吗？"

有一天，他为了一件要紧的事情，要搭火车到上海去。他从从容容地走到火车站，迟了两分钟，火车已经开走了。他白瞪着眼，望着远去的火车，摇摇头道："只好明天再走了，今天走同明天走也还差不多。可铁路部门也未免太认真了，八点三十分开同八点三十二分开，不是差不多吗？"他一面说，一面慢慢地走回家。心里总不很明白，为什么火车不肯等他两分钟。

有一天，差不多先生忽然得了急病，叫家人赶快去请东街的汪大夫。那家人急急忙忙地跑去，一时寻不着东街汪大夫，却把西街的牛医王大夫请来了。差不多先生病在床上，知道寻错了人，但病急了，身上痛苦，心里焦急，等不得了，心里想道："好在王大夫同汪大夫也差不多，让他试试看吧。"于是，这位牛医王大夫走近床前，用医牛的方法给差不多先生治病。不到一个小时，差不多先生就死了。

差不多先生差不多要死的时候，一口气断断续续地说道："活人同死人也差……差……差……不多，凡事只要差……差……不多……就……好了，……何……何……必……太……太……认真呢？"他说完这句名言就断了气。

他死后，大家都称赞差不多先生样样事情看得开，想得通；大家都说他一生不肯认真，不肯算账，不肯计较，真是一位有德的人。于是大家给他取了个法号，叫他圆通大师。他的名声越传越远，越传越大，无数的人都学他的榜样。于是人人都成了差不多先生——如果是这样的话，中国从此就成了一个懒人国了。

（本文作者胡适，有删改）

péi	shǎn	xī	piě	dèng	bǎng
赔	陕	嘻	撇	瞪	榜

生 词 NEW WORDS

红糖	hóng táng	brown sugar
白糖	bái táng	white sugar
银行	yín háng	bank
精细	jīng xì	meticulous; fine
经理	jīng lǐ	manager; director
笑嘻嘻	xiào xī xī	grinning; smiling broadly
赔不是	péi bú shi	apologize
要紧	yào jǐn	important; essential
断断续续	duàn duàn xù xù	off and on intermittently
名言	míng yán	well-known saying
法号	fǎ hào	name of a monk or man given by his or her master
圆通	yuán tōng	be flexible
榜样	bǎng yàng	example; model

词语例解

口味 名词

1. 食物或饮料的味道(the flavor or taste of food)。例如:

    有鼻子和嘴，但他对于气味和口味都不很讲究。

    这道菜的口味非常好。

2. 各人对于味道的爱好(a person's taste)。例如:

    爸爸做的菜不怎么合我的口味。

    李先生是南方人，他的口味跟我们北方人不太一样。

好在 副词

表示具有某种有利的条件或情况(fortunately; luckily)。例如:

差不多先生心里想道:“好在王大夫同汪大夫也差不多，让他试试看吧。”

好在他懂英语，我们可以直接交谈。

好在我的身体棒，要不非感冒不可。

要紧 形容词

1. 重要(important; essential)。例如:

    有一天，他为了一件要紧的事情，要搭火车到上海去。

    我有一件要紧的事儿要跟他商量。

    学外语最要紧的是多读多说多听。

2. 严重(be critical; be serious; matter)。例如:

    他只是受了点儿轻伤，不要紧。

    他的病要紧不要紧?

白

1. 形容词(white)。例如:

    这孩子的皮肤真白。

    爷爷的头发已经全白了。

2. 副词。没有效果；徒然 (in vain; for nothing)。例如：

他白瞪着眼，望着远去的火车，摇摇头……

昨天上午去书店一本书也没买着，白跑了一趟。

杰克这次考了全班第一，他真是没有白用功。

3. 副词。无代价；无报偿 (free of charge; gratis)。例如：

这东西白送我都不要。

天底下没有白吃的午餐。

未免 副词

表示不以为然，意在否定，但语气比较委婉(rather; a bit too; truly)。例如：

可铁路部门也未免太认真了。

这篇文章内容不错，只是篇幅未免太长。

他这样对待客人，未免太不礼貌。

练　习

一　熟读课文，回答问题。

1. 为什么说差不多先生是当时中国最有名的人？
2. 你知道差不多先生和你我有哪些不同吗？
3. 差不多先生是怎么死的？
4. 差不多先生死后，人们为什么要给他取个“圆通大师”的法号？

二　注音，组词。

嘻（　　）________　　搭（　　）________

赔（　　）________　　瞪（　　）________

榜（　　）________　　　　陕（　　）________

三　给句中加线的词语选择合适的义项。

1. 妈妈做的菜，口味非常好。

2. 南方人的口味跟北方人不太一样。

（A. 食物或饮料的味道　B. 各人对于味道的爱好）

3. 客人没来，害他白忙了一阵。

4. 白吃白拿人家的东西是不道德的行为。

（A. 没有效果；徒然　B. 无代价；无报偿）

四　用斜线把左右两栏里能搭配的词语连接起来。

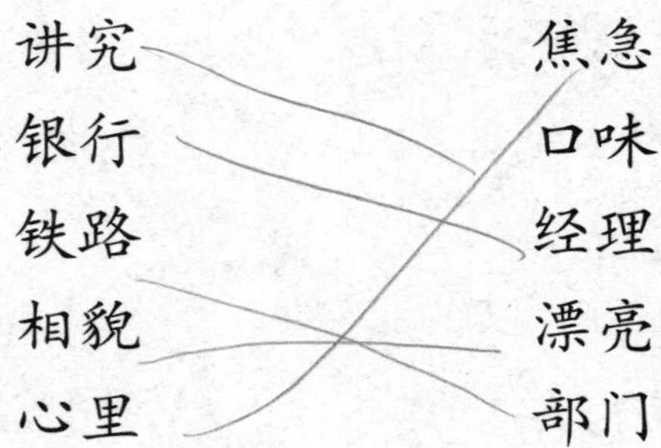

讲究	焦急
银行	口味
铁路	经理
相貌	漂亮
心里	部门

五　把“未免”或“好在”放在句子中合适的地方。

1. 你坐也不坐，茶也不喝，太客气了。

2. 文章对这部小说的评价过高。

3. 书找不着就算了，我家里还有一本。

4. 我家里宽敞，你们来住也不要紧。

29 家　宴（上）

时间：现代

地点：一个退休工人的家

人物：老头子、老太太

[幕启。]

[桌子上放着丰盛的饭菜。老头子坐在桌旁拉着胡琴，心情不好，因此琴声干巴巴的没有韵味。]

[老太太端着一个碗上来。]

老太太：今天是怎么了？都过了12点了，一个也不回来。（看了看窗外）我说老头子，老头子！你怎么一天到晚就知道拉、拉、拉，孩子们到现在还不来，你就不去叫叫？（把碗放好）

老头子：我说你呀，贱！放着好吃好喝的什么时候不能吃？非等到星期天孝敬那两个兔崽子？哼。（又拉胡琴）

老太太：别拉了！你怎么啦？兔崽子也是我生我养的，我愿意。孩子们一个星期就回来一次，乐乐呵呵地有啥不好？上个星期也不知道你吃错了什么药，骂完了老大骂老二，你看把你能的。我买的菜我做的饭，要骂也轮不到你。你看看，骂得孩子们都不敢回来了。

老头子：是我要骂的？要不是你总在我耳边唠唠叨叨的，怨儿媳妇不帮着做饭，怨两个兔崽子不帮你收拾收拾，累得你腰疼腿疼，我能骂他们？

老太太：啊！我说了，我也没叫你骂他们。你要是心疼我就不能帮我干点儿活儿？一天到晚拉你那破胡琴。

老头子：哎，你说对了，我现在就是“老头儿拉胡琴——吱（自）咕（顾）吱（自）”。他们不来更好，咱们吃。来，吃。

老太太：可也是，好不容易把他们拉扯大了，连星期天都不回来了，让我白做了这么多菜。

老头子：我说你这个人，就是贱。平时咱们就不能吃好点儿？非要攒到星期天让他们来吃吃喝喝？

老太太：你这个人怎么专会说别人？你就不检查检查自己？你干吗平时尽抽烟袋锅，到星期天就买一包“红塔山”孝敬那两个兔崽子？哼！说我！

老头子：我说你怎么老爱瞎唠叨，少说两句行不行？他们不来我们是不能吃还是怎么的？来，吃！你来啊，老往外看什么？

老太太：哎，我说，咱们还是再等一会儿，行不行？孩子们念书那时候，咱们都是等人齐了才开饭，这还是你定下的规矩呢。

老头子：说那些干啥？他们不是翅膀都硬了吗？

老太太：唉——你说，他们没长大那会儿，天天盼着他们长大，可一眨眼他们怎么都长大了呢？

老头子：唉，我也觉得快了点儿。老大上小学那天，天下着雨，我背着他，你在旁边打伞送他上学去，就跟昨天的事一样……

老太太：可不是吗？那次他考试不及格，吓得不敢回家，我急得到处找，等我找到他以后，你猜孩子说啥？说怕爸爸打他……你从来就没对孩子好过，不是打就是骂。上个星期天你要是不骂孩子，这会儿一家人早就乐呵呵地坐在一起吃饭了。

老头子：你又来了。噢，我这个当爹的骂他们两句都不行了？还记仇？

老太太：孩子们大了，都有脸！

老头子：那，他们不来就不能把咱们的孙子、孙女送过来？

老太太：说的也是。他们也许有事，那也该把小孩子送过来，还怕爷爷奶奶亏了他们？你看看，这个蛋我做得多嫩，我是专门给小熊、小燕做的……

老头子：不来拉倒，我就不信他们不来咱俩吃了会生病。（倒酒）来，咱俩吃，喝。来，你愣着干什么？

老太太：哎（坐下），咱们吃。

（待续）

yùn	jiàn	zǎi	shá	láo	dāo	zī	zǎn	lèng
韵	贱	崽	啥	唠	叨	吱	攒	愣

生 词 NEW WORDS

退休	tuì xiū	retire
幕	mù	curtain
丰盛	fēng shèng	rich; sumptuous
胡琴	hú qin	*Huqin*, general term for two-stringed bowed instruments
干巴巴	gān bā bā	dull and dry
韵味	yùn wèi	lingering charm
贱	jiàn	low-down; base
孝敬	xiào jìng	give presents
兔崽子	tù zǎi zi	brat; bastard
乐乐呵呵	lè lè hē hē	happy and gay
唠唠叨叨	láo láo dāo dāo	chatter interminably
怨	yuàn	blame; complain

心疼	xīn téng	show consideration for
拉扯	lā chě	take great pains to bring up
平时	píng shí	at ordinary times; in normal times
攒	zǎn	accumulate; save
烟袋锅	yān dài guō	the bowl of a (long-stemmed) pipe
规矩	guī ju	rule; established practice
一眨眼	yì zhǎ yǎn	a flash; an instant
及格	jí gé	pass a test, examination, etc.
拉倒	lā dǎo	forget about it
愣	lèng	distracted; stupefied

词语例解

收拾 动词

1. put in order; tidy; get things ready。例如：

   怨两个兔崽子不帮你收拾。

   吃完饭以后，你把屋子收拾一下。

   咱们赶紧收拾收拾走吧！

2. settle with; punish。例如：

   你要是不听话，看你爸爸回来怎么收拾你。

   这家伙我迟早要收拾他。

检查

1. 动词。(check up; inspect; examine)。例如：

   你这个人怎么专会说别人，你就不检查检查自己？

   明天上午我要陪爷爷去医院检查身体。

   试题做完以后要认真检查一遍。

2. 名词。(self-criticism)。例如：

   道了歉还不行，难道非要写检查吗？

   这件事是你的错，你应该写份检查交给老师。

规矩

1. 名词。一定的标准或习惯 (rule; established practice; custom)。例如：

   这还是你定下的规矩呢。

   我们应该按规矩办事。

   很多父母常常要求孩子们说话、做事要守规矩。

2. 形容词。(行为)端正老实；合乎标准或常理 (well-behaved; well-disciplined)。例如：

   张先生是个规矩人。

这孩子字写得很规矩。

亏

1. 动词。受损失 (lose (money, etc.); have a deficit)。例如：

    这家公司今年亏了二百多万。

    李先生去年做生意亏了。

2. 动词。对不起 (treat unfairly)。也说"亏待"。例如：

    还怕爷爷、奶奶亏了他们？

    你放心吧，我亏不了你。

    这么多年来，我亏过你吗？

3. 副词。幸亏；多亏 (fortunately; luckily thanks to)。例如：

    亏你提醒了我，要不我早忘了。

    亏他发现得早，才把落水的孩子救起来了。

专门

1. 形容词。(special; specialized)。例如：

    别看王先生年纪轻，他可是研究汉语的专门人才。

    重点城市应建立专门的文化市场管理机构。

2. 副词。(for a special purpose; specially)。例如：

    这个蛋我是专门给小熊、小燕做的。

    我昨天专门进城拜访了张伯伯。

    他们专门从外地赶来观看这场球赛。

练　习

一　比较下列各组字在读音和字形上的异同。

线——浅——贱　　　　劳——捞——唠

技——枝——吱　　　　切——初——叨

暮——慕——幕

二　读读写写，并用加线的词语造句。

退休	丰盛	韵味	孝敬	心疼	攒
拉扯	一眨眼	及格	乐呵呵	愣	怨

三　说说下列句子中加线词语的意思。

1. 这孩子很规矩。
2. 这个规矩大家都得遵守。
3. 亏他跑得快，要不然这趟车他肯定赶不上。
4. 这本书是我专门给你买的。

四　用横线把左右两栏中能搭配的词语连接起来。

干巴巴的	饭菜
著名的	作家
丰盛的	命运
灿烂的	反响
巨大的	文化
不幸的	琴声

五　仔细阅读课文，翻译下列句子。

1. 桌子上放着丰盛的饭菜。
2. 你要是心疼我，就不能帮我干点儿活儿？
3. 咱们还是再等一会儿。
4. 你从来就没对孩子好过，不是打就是骂。
5. 还怕爷爷奶奶亏了他们？

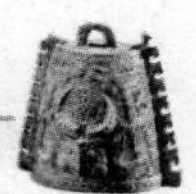

30 家　宴（下）

老头子：（端起酒杯）我真弄不懂他们哥儿俩怎么这么混账！明明知道星期天家里做了好多菜，等他们来吃等他们来喝，他们怎么一点儿也不懂父母的心？啊？你说咱爹在世那会儿，咱们敢吗？

老太太：敢？打断你的腿！哎，不是我自吹，老爷子在世那会儿，三个儿媳妇里，他最喜欢我。

老头子：是啊，也真难为你了。特别是老爷子生病的那些日子里，你没少吃苦。现在的儿媳妇啊，哼！

老太太：啥人啥命。我这一辈子拉扯小的，侍候老的，也对得起你们老陈家了。

老头子：我也没亏待你啊。（安慰地）行了，说两句就行了。来，吃。

老太太：两个没良心的，心里就一点儿也没有咱们爹妈？

老头子：你这人也真是，从现在起谁提他们我就跟谁急。来，吃啊，我看看都有些啥菜：哟，红焖肉。"红焖肉，没个够。"还记得吗？那次你烧了一碗红焖肉，没等开饭就让那两个兔崽子吃完了。

老太太：你们爷儿仨就是喜欢吃我烧的红焖肉，所以我每个星期天都烧一大碗。哎，我去拿个碗来，一会儿给他们哥儿俩送去。

老头子：回来！我不是说了吗，今天谁也不许提他们！

老太太：是我提他们了吗？

老头子：不是你还是我？

老太太：你要是不提那碗红焖肉，没等开饭就让他们哥儿俩吃完了，我能想起去拿碗？

老头子：啊，我说了，我说的是他们小的时候，我没说今天。

老太太：我说怎么横竖都是你的理儿啊？

老头子：拉倒吧，来，咱们吃！

老太太：吃啥呀，气都让你气饱了。

老头子：这又是何必呢？你呀，就是心胸不开阔。要我说呢，你也该出去走走，练练气功啊，扭扭秧歌啊……

老太太：我才不去当那个老妖怪，也不怕人家笑掉大牙？

老头子：你呀，一辈子就没开化过。你看我，拉拉胡琴，老哥儿们凑在一起溜溜嗓子，（有韵儿味地唱）“八月十五啊月光明哪，薛大哥月下东格里格齐格东……”

老太太：行啦，行啦。

老头子：你呀，不开窍。要不，你跟我去练练齐眉棍。（拿起靠在窗边的齐眉棍，舞了两下）“练练身子骨，活着不受苦。”

老太太：拉倒吧，80岁老太太学耍猴儿，你少出我的洋相。

老头子：怎么是出洋相呢，老大、老二也希望你多出去活动活动。

老太太：（高兴地）他们哥儿俩说了吗？

老头子：怎么没说，上个星期天不是还说了吗？咦，怎么又提起他们了。我说了今天谁提他们我跟谁急！你怎么记不住？

老太太：我可没提他们。

老头子：没提？那我怎么觉得你又说起那两个兔崽子了？

老太太：你这个人，年轻的时候不讲理，老了还霸道，也就能训我吧。

老头子：不是我训你，今天一提到他们俩我气就不打一处来，吃饭吃饭。

老太太：这么多菜，他们不回来又得剩下，真可惜了。

老头子：（瞪着老太太）剩下就剩下，给狗吃也不给他们吃！今天他们别说不来，就是来了我也要把他们打出去！来一个打一个，来两个打一双。吃饭！

老太太：吃啥呀，菜都凉了，我去热热去。（走到窗口下意识地看一眼，惊喜地）老头子，你看，他们来了，他们来了！（放下碗去开门）

老头子：来了更好，我正好把他们打出去。我的齐眉棍呢？噢，在这儿，（拿起齐眉棍舞了两下）看我怎么把他们打出去！

［门外传来“爷爷！奶奶！爷爷！”的喊声。］

老头子：（赶紧扔掉棍子，迎了上去，脸上笑开了花）别跑，别跑，宝贝儿，小心摔着……

［幕落。］

（本文作者翔鹰，略有改动）

shì	mèn	xuē
侍	焖	薛

生 词 NEW WORDS

混账	hùn zhàng	scoundrel; bastard
老爷子	lǎo yé zi	grandfather; grandpa; old father
难为	nán wei	be a tough job to
侍候	shì hòu	look after
亏待	kuī dài	treat unfairly
心胸	xīn xiōng	breadth of mind
秧歌	yāng ge	*yangko*(dance), a popular rural folk dance
妖怪	yāo guài	monster; bogy
开化	kāi huà	become civilized
开窍	kāi qiào	have one's ideas straightened out
齐眉棍	qí méi gùn	a stick
身子骨儿	shēn zi gǔr	one's health; physique
耍猴	shuǎ hóu	put on a monkey show
安慰	ān wèi	comfort; console
急	jí	be angry; lose one's temper
红焖肉	hóng mèn ròu	pork braised in soya sauce
横竖	héng shù	in any case; anyway
霸道	bà dào	overbearing; high-handed

词语例解

明明 副词

表示情况明白清楚(obviously; plainly; undoubtedly)。例如:

明明知道礼拜天家里做了好多菜，等他们来吃，他们怎么一点儿也不懂父母的心?

这件事明明很重要，他却不当一回事。

他明明不懂，偏偏装懂。

难为 动词

1. 使人为难(embarrass; press)。例如:

高先生不会唱歌，你就别难为他了。

人家有困难，咱们就别再难为他了。

2. 指做了不容易做的事(be a tough job to)。例如:

是啊，也真难为你了。

在战争年代，她一个人拉扯好几个孩子，真难为她了。

经济那么紧张，家务又那么重，实在难为你了。

等

1. 动词。等待；等候(wait; await)。例如:

星期天家里做了好多菜，等他们来吃，等他们来喝。

哎，我说，咱们还是等一会儿，行不行?

快点儿，人家正等着你呢!

2. 动词。等到(when; till)。例如:

那次你烧了一碗红焖肉，没等开饭就让那两个兔崽子吃完了。

等我找到他以后，你猜孩子说啥?

这事儿等他来了再说。

3. 助词。表示没有列举完。可以重叠。(and so on; etc.) 例如：

高士其的《菌儿自传》《时间伯伯》等作品受到孩子们的广泛喜爱。

中国唐代出现了许多著名的诗人，如李白、杜甫、白居易，等等。

急

1. 形容词。生气；发怒 (irritated; annoyed; nettled)。例如：

从现在起谁提他们我跟谁急。

你再这样说，我可要跟你急了。

真没想到咱们还没说上几句他就急了。

2. 形容词；动词。着急；使着急 (impatient; worry)。例如：

小明急着要回家。

你怎么现在才来，真把人急死啦！

3. 形容词。又快又猛 (fast; rapid; violent)。例如：

昨天那场雨下得真急。

水流太急，船无法靠岸。

要是 连词

表示假设 (if; suppose; in case)。例如：

你要是不提起那碗红焖肉，没等开饭就让他们哥儿俩吃完了，我能想起去拿碗？

要是你有兴趣的话，明天咱们一起去香山玩。

要是看见《汉英词典》，替我买一本。

练　　习

一　读读写写，了解词语的意思。

混——混账　　侍——侍候　　窍——开窍

焖——红焖肉　　秧——秧歌　　霸——霸道

二　按要求完成句子。

1. 用“要是”改写下面的句子。

(1) 如果大家一起动手干，这个工作三天就能完成。

(2) 你不抓紧时间学习，将来就不能适应工作的需要。

(3) 晚上要有事，我会来找你。

(4) 见到刘先生，请你代我问好。

2. 把“明明”放在句子中合适的地方。

(1) 他知道今天要下雨，出门却不带一把伞。

(2) 你昨天说过，怎么现在不认账了？

(3) 你知道下午有事，为什么还出去？

(4) 屋里很干净，他还嫌脏。

三　读读下面的句子，注意重音和语气。

1. 他们怎么一点儿也不懂父母的心？啊？
2. 现在的儿媳妇啊，哼！
3. 我也没亏待你啊。
4. 是我提他们了吗？
5. 这又是何必呢？
6. 行啦，行啦。
7. 噢，在这儿，看我怎么把他们打出去！

四　给句子中加线的词语选择合适的义项。

1. 王先生不会跳舞，你就别难为他了。
2. 丈夫死后，她把三个孩子都拉扯大了，真难为她。

（A. 使人为难　　B. 指做了不容易的事）

3. 你要是再说我，我就跟你急！
4. 爸爸急着要去上班。

（A. 着急；焦急　B. 生气；发怒）

五　学唱下面这首歌，仔细体会其中的感情。

常回家看看

爸 爸 张 罗 了 一 桌 好 饭，

生 活 的 烦 恼 跟 妈 妈 说 说，

工 作 的 事 情 向 爸 爸 谈 谈.

常 回 家 看 看 回 家 看 看，
常 回 家 看 看 回 家 看 看，

哪 怕 帮 妈 妈 刷 刷 筷 子 洗 洗 碗，
哪 怕 给 爸 爸 捶 捶 后 背 揉 揉 肩，

老 人 不 图 儿 女 为 家 做 多 大 贡
老 人 不 图 儿 女 为 家 做 多 大 贡

献 呀，一 辈 子 不 容 易 就 图 个
献 呀，一 辈 子 总 操 心 就 奔 个

团 团 圆 圆. 安.
平 平 安

1. 2.

生 字 表

	拼音	生字
1.	hàn ruò bào tū	旱 若 暴 突
2.	chí áo yá qí wěi qū sāng	迟(遲) 熬 芽 歧 委 屈 桑
3.	cài róu sòng ōu hú chún	蔡 柔 诵(誦) 鸥(鷗) 糊 纯(純)
4.	shǎ jīn hán suǒ wǎn wǔ	傻 津 含 锁(鎖) 挽 捂
5.	lì zhē liàng wāng shà miǎo	荔 蜇 谅(諒) 汪 厦 渺
6.	bǐng yǐ guāi yuè wěn chóng bì	丙 乙 乖 阅(閱) 吻 崇 弊
7.	chì pú táo xiōng zhǔ chàng lǜ wèi zhàng	赤 葡 萄 匈 嘱(囑) 倡 率 未 障
8.	liáo sī xīn zhǐ guǎ yú pín cí	寥 私 薪 咫 寡 娱 频(頻) 磁
9.	zhè xiè zhèn nù kuǎn huī huáng	浙 懈 镇(鎮) 怒 款 辉(輝) 煌
10.	dǔ yù zhěn miǎn qǐ zhào guǒ máo ōu zhōng	睹 浴 诊(診) 免 启(啓) 罩 裹 髦 欧(歐) 衷
11.	mǎ niáng líng guī mǔ	玛(瑪) 娘 龄(齡) 闺(閨) 姆
12.	shì huì yòu	轼(軾) 讳(諱) 幼
13.	yáo kěn jiáo kuī chòu fǔ cù	肴 啃 嚼 亏(虧) 臭 腐 醋
14.	nǐ xù fáng	拟(擬) 絮 妨
15.	kuò mù	括 牧

16.	jūn 菌	tān 瘫(癱)	huàn 痪	duō 哆	suō 嗦	jiàn 溅(濺)	shèn 渗(滲)	
17.	mǔ 拇	jiǎn 拣(揀)	niē 捏	chā 叉	huò 货(貨)	pēng 砰	xún 循	shè 涉
18.	bìn 殡(殯)	hú 囫	lún 囵(圇)	shēn 呻	yín 吟	bēng 绷(繃)		
19.	zhāo 钊(釗)	xuán 玄	fèi 废(廢)	yǔn 允				
20.	zhì 稚	càn 灿(燦)	làn 烂(爛)	líng 凌	gōng 躬	xī 膝	yù 吁(籲)	sāo 骚(騷)
21.	jiāng 浆(漿)	lí 黎	shū 蔬	xián 咸(鹹)	lù 碌			
22.	shòu 寿(壽)	yù 誉(譽)	jù 拒	fù 赋(賦)	jì 济(濟)	zhì 质(質)	kāng 康	
23.	páng 庞(龐)	yí 仪(儀)	cè 侧(側)	mù 穆	zhóu 轴(軸)			
24.	xiāng 厢	láng 廊	xié 谐(諧)	mò 漠	shū 疏			
25.	sì 寺	xié 协(協)	chēng 撑					
26.	ān 谙(諳)	jùn 郡	fú 芙	róng 蓉	sài 塞	lù 鹭(鷺)	guì 鳜(鱖)	ruò 箬
	lì 笠	suō 蓑						
27.	téng 藤	yá 涯	zhī 楮	yí 颐(頤)	yàn 砚(硯)	xiǎn 藓(蘚)	zhàn 绽(綻)	
28.	péi 赔(賠)	shǎn 陕(陝)	xī 嘻	piě 撇	dèng 瞪	bǎng 榜		
29.	yùn 韵	jiàn 贱(賤)	zǎi 崽	shá 啥	láo 唠(嘮)	dāo 叨	zī 吱	zǎn 攒(攢) lèng 愣
30.	shì 侍	mèn 焖(燜)	xuē 薛					

词语表

1.	专家 乐趣 开花 生病 干旱 奋斗 若 门道 感谢 工作 有益 身心 狂风暴雨 突然 动员 抢救 见识
2.	外套 迟 熬 初春 随意 分歧 取决 责任 重大 两全其美 拆散 各得其所 委屈
3.	蔡 回想 温柔 仅仅 儿童 课外 平生 背诵 爱好 即使 对于 席子 迷迷糊糊
4.	傻 天津 度过 工业 含 包子 锁 热心 专用 挽 玻璃 盖子 电池 卫生 捂 显眼 对待
5.	荔枝 喜爱 原谅 广东 园林 偏偏 隐约 大厦 建设 有限 渺小
6.	呼唤 理解 现象 摩擦 建立 平等 基础 人格 尊重 负责 的确 出息 文科 理科 崇拜 过来人 利弊 独立 冒险 挑战 承认
7.	环绕 赤道 分布 均匀 地带 稀疏 增长 沉重 负担 基本 提倡 统计 发布 执行 阻力 观念 保障 完善 负面
8.	住宅 发达 消费 潮流 前所未有 聊天儿 亲朋好友 仿佛 后顾之忧 孤寡 娱乐 频繁 交往 调查 通迅 手段 安装
9.	市场 位于 贫穷 才智 四通八达 降低 愤怒 毁 挽回 质量 进口 款式 赢得 眼光 造就 关注 竞争 成熟 自信 辉煌
10.	亲身 经历 单位 冷冷清清 太极拳 免费 操心 型号 包裹 分配 铁饭碗 时尚 手表 手机 时髦 气派 限于 梦想 国营 热衷 预期
11.	姑娘 闺女 年龄 字典 录音机 行情 外行
12.	反义词 意义 恰当 相反 人情 对比 缘故 事物 忌讳 误会
13.	相声 吃苦 吃亏 官司 玩笑 食堂 玩意儿 吃醋 吃不消
14.	明媚 运用 贴切 辛勤 恶心 笔直 火热 不妨
15.	标点 语气 停顿 有意 戏剧 片段 清明 佳话 回音

16.	作家　细菌　战术　瘫痪　残疾　病毒　爆炸　溅　渗　神经 不幸　奇特　哆哆嗦嗦　描写　心理　土壤　展现　偶像
17.	平行　捏　交叉　取笑　孙女　会议　毛笔　出洋相　毕恭毕敬 随手　墨水　遵循　修改　涉及　他人　着想　怀念
18.	马马虎虎　惊异　爱戴　动人　个性　记性　忍受　颤抖 扎　消毒　敷　绷带　感激　普通　命运
19.	史　贡献　改革　子弟　兴趣　演说　指出　强调　服务　入手 聘请　教授　废除　反响　民主　观点　信仰　允许　录取 各行各业　竟　学者　传播　功劳
20.	珍贵　论　灿烂　政府　证明　尽情　呼吁　迅速　振兴　暗暗 喝　罪　不慌不忙　符合　实情　连累　闯祸　若无其事
21.	早点　早茶　常见　豆浆　馄饨　西餐　匆匆忙忙　悠闲　顺路 蔬菜　早餐　咸　忙碌　大好时光　消磨　场合　餐馆
22.	中华民族　牡丹　长寿　和平　拒绝　外表　展示　水平　条件 物质　行列　美化　健康　聚会
23.	紫禁城　庞大　天安门　仪式　精美　广场　婚礼　庆祝　威严 宴会　眺望
24.	高层　保存　形式　充足　联系　相互　增加　安全　冷漠　感情 疏远
25.	早期　危急　协助　作战　支撑　潜心　迅速　攻击　协调 一致　体育
26.	忆　江南　旧　胜　芙蓉　不须
27.	天涯　栏杆　颐　青山　容　偷闲　绽　疏
28.	红糖　精细　赔不是　要紧　断断续续　名言　榜样
29.	退休　幕　丰盛　干巴巴　贱　孝敬　唠唠叨叨　怨　心疼 平时　攒　规矩　一眨眼　及格　愣
30.	难为　亏待　心胸　秧歌　开窍　安慰　急　霸道